ABAIXO OS GURUS, SALVE OS GURIS

A **INTELIGÊNCIA ARTIFICIAL** nos obriga a redescobrir a **CRIATIVIDADE** das crianças para salvar nosso **FUTURO**

ABAIXO OS GURUS, SALVE OS GURIS

WALTER LONGO

ALTA BOOKS
GRUPO EDITORIAL
Rio de Janeiro, 2023

Abaixo os Gurus, Salve Os Guris

Copyright © 2023 da Starlin Alta Editora e Consultoria Eireli.
ISBN: 978-85-508-1768-2

Impresso no Brasil – 1ª Edição, 2023 – Edição revisada conforme o Acordo Ortográfico da Língua Portuguesa de 2009.

Todos os direitos estão reservados e protegidos por Lei. Nenhuma parte deste livro, sem autorização prévia por escrito da editora, poderá ser reproduzida ou transmitida. A violação dos Direitos Autorais é crime estabelecido na Lei nº 9.610/98 e com punição de acordo com o artigo 184 do Código Penal.

A editora não se responsabiliza pelo conteúdo da obra, formulada exclusivamente pelo(s) autor(es).

Todos os termos mencionados e reconhecidos como Marca Registrada e/ou Comercial são de responsabilidade de seus proprietários. A editora informa não estar associada a nenhum produto e/ou fornecedor apresentado no livro.

No site da editora relatamos, com a devida correção, qualquer erro encontrado em nossos livros, bem como disponibilizamos arquivos de apoio se aplicáveis à obra em questão.

Acesse o site e procure pelo título do livro desejado para ter acesso às erratas, aos arquivos de apoio e/ou a outros conteúdos aplicáveis à obra.

A obra é comercializada na forma em que está, sem direito a suporte técnico ou orientação pessoal/exclusiva ao leitor.

A editora não se responsabiliza pela manutenção, atualização e idioma dos sites referidos pelos autores nesta obra.

Dados Internacionais de Catalogação na Publicação (CIP) de acordo com ISBD

L856a   Longo, Walter
Abaixo os Gurus, Salve os Guris: a inteligência artificial nos obriga a redescobrir a criatividade das crianças para salvar nosso futuro / Walter Longo. - Rio de Janeiro : Alta Books, 2023.
224 p. ; 15,7cm x 23cm.

ISBN: 978-85-508-1768-2

1. Inteligência artificial. 2. Imaginação humana. 3. Criatividade. 4. Criança. 5. Futuro. I. Título.

2023-904   CDD 006.3
                                      CDU 004.81

Elaborado por Vagner Rodolfo da Silva - CRB-8/9410

Índice para catálogo sistemático:
1. Inteligência artificial 006.3
2. Inteligência artificial 004.81

Produção Editorial
Grupo Editorial Alta Books

Diretor Editorial
Anderson Vieira
anderson.vieira@altabooks.com.br

Editor
José Ruggeri
j.ruggeri@altabooks.com.br

Gerência Comercial
Claudio Lima
claudio@altabooks.com.br

Gerência Marketing
Andréa Guatiello
andrea@altabooks.com.br

Coordenação Comercial
Thiago Biaggi

Coordenação de Eventos
Viviane Paiva
comercial@altabooks.com.br

Coordenação ADM/Finc.
Solange Souza

Coordenação Logística
Waldir Rodrigues

Gestão de Pessoas
Jairo Araújo

Direitos Autorais
Raquel Porto
rights@altabooks.com.br

Produtor da Obra
Paulo Gomes

Assistente da Obra
Patricia Silvestre

Produtores Editoriais
Illysabelle Trajano
Maria de Lourdes Borges
Thales Silva
Thiê Alves

Equipe Comercial
Adenir Gomes
Andrea Riccelli
Ana Claudia Lima
Daiana Costa
Everson Sete
Kaique Luiz
Luana Santos
Maira Conceição
Natasha Sales
Pablo Frazão

Equipe Editorial
Ana Clara Tambasco
Andreza Moraes
Beatriz de Assis

Beatriz Frohe
Betânia Santos
Brenda Rodrigues
Caroline David
Erick Brandão
Elton Manhães
Fernanda Teixeira
Gabriela Paiva
Henrique Waldez
Karolayne Alves
Kelry Oliveira
Lorrahn Candido
Luana Maura
Marcelli Ferreira
Mariana Portugal
Matheus Mello
Milena Soares
Viviane Corrêa
Yasmin Sayonara

Marketing Editorial
Amanda Mucci
Guilherme Nunes
Livia Carvalho
Thiago Brito

Atuaram na edição desta obra:

Revisão Gramatical
Kamila Wozniak
Isabella Veras

Diagramação
Joyce Matos

Projeto Gráfico | Capa
Paulo Gomes

Editora afiliada à:

Rua Viúva Cláudio, 291 – Bairro Industrial do Jacaré
CEP: 20.970-031 – Rio de Janeiro (RJ)
Tels.: (21) 3278-8069 / 3278-8419
www.altabooks.com.br – altabooks@altabooks.com.br
Ouvidoria: ouvidoria@altabooks.com.br

"Dedico este livro às crianças do Junior Board da Grey Advertising, uma experiência inédita que mudou minha visão de futuro e se tornou a inspiração desta obra."

SUMÁ

PREFÁCIO, **XI**
INTRODUÇÃO, **XIX**

PARTE 1

A Economia da
Imaginação

1

Seres Humanos e Seus
Muitos Fazeres, **5**

2

A Criança É um
HD Vazio?, **35**

3

A Vida e a Morte
da Curiosidade, **71**

RIO

PARTE 2

Humanização
Tecnológica:
Uma Simbiose

4

O Tempo da
Inteligência
Artificial, 93

5

A Imaginação
É o Caminho
da Ciência, 113

6

Da Imaginação
Utópica à Gestão
Democrática, 135

7

Os Guris Que
Não Padecem
nas Sombras, 159

ENCERRAMENTO, 185

PREFÁCIO

POR FLÁVIO TAVARES

Não é uma tarefa simples escrever o prefácio para este livro por duas razões. Sempre serei suspeito para falar sobre Walter Longo, ainda mais quando o assunto é gurus e guris. No entanto, quando recebi esse importante e honroso convite, logo pensei o quanto todo este livro e este tema expressam, de maneira pura e singela, quem é o Walter Longo. E olha, há alguns fatos sobre ele que você deveria saber. Por isso, leia este prefácio até o final.

Antes de mais nada, deixe-me contar uma coisa: tenho cinco filhos, são quatro meninos e uma princesa chamada Lara. Sempre digo em minhas palestras que, nesta vida, ninguém me ensina mais do que eles. Como sempre tive um pouco de aversão a um mundo em que todo mundo tenta ser igual, conviver com meus filhos me ensinou bastante sobre o fato de que, na vida, não importa muito o que os gurus te dizem, e, sim, o que os guris nos ensinam todos os dias.

Não dá para descrever neste prefácio o quanto que Henrique, Matteo, Piero, Lucca e Lara geram significado, valor e aprendizado na minha jornada. No entanto, este livro não trata deles, mas, sim, da essência humana. Ele é um despertar para toda pessoa que o ler. Foi feito para aqueles que ainda acreditam que a vida é muito mais do que acumular riquezas, para aqueles que buscam significado naquilo que fazem.

Este livro é destinado aos questionadores, aos inquietos, aos que sabem que o importante não é quanto tempo temos na vida, mas, sim, quanta vida temos colocado no tempo que nos resta. Este livro é para aqueles que estão cansados de ouvir promessas milagrosas, de receber anúncios com fórmulas secretas produzidas por pessoas que nunca viveram o que prometem. Este livro é para aqueles que não querem ser cópias ou clones neste mundo, mas autorais e autênticos, que querem voltar a sonhar, imaginar e criar.

Para ler este livro, você precisa respirar fundo, sentar-se confortavelmente e deixar que ele te conduza aos lugares mais inesperados que sua mente possa alcançar, e não existirão limites para isso. Lembro quando Walter e eu conversamos pela primeira vez sobre o tema desta obra e percebemos rapidamente o quanto ele nos conectou. Eu sabia que, em pouco tempo, teríamos um material único, produzido por ele, para ampliar nosso debate. E Walter não parou mais. Depois de muita escrita e discussão, organizou de forma muito especial tudo nestas páginas que você irá ler.

Eu já perguntei algumas vezes ao Walter, que escreveu 11 livros e tem uma história única e impressionante de vida, quando faremos sua biografia. Ele sempre se esquiva e responde que tem por premissa viver uma vida voltada para o futuro, e não para o passado. Para Walter, ficar falando sobre os seus feitos e realizações parece indicar que sua história já foi concluída. E ele tem razão em pensar dessa forma.

Walter Longo é o guru mais guri que conheço na vida. Para mim, é como se ele fosse um grande gerador de faíscas que, com seus pensamentos e palavras, ajuda muitas pessoas a construírem fogueiras. Sem nenhuma pretensão, ele se torna uma referência, um guia, que as conduz a uma vida mais autêntica, genuína e inteligente. Walter nunca vai dar uma receita de bolo, mas sempre vai provocar faíscas. Se você tiver curiosidade e vontade, essas fagulhas irão ajudá-lo a construir uma grande fogueira, e você terá tudo que precisa para iluminar e aquecer a vida de outras pessoas.

Ele é um guri com décadas vividas, inquieto, curioso, desbravador, autêntico, genuíno e provocativo. Este livro não é somente sobre guris e gurus, este livro é sobre o próprio Walter. Cada capítulo e palavra escrita refletem, em grande medida, sua essência, sua história e seus valores.

Deixa eu te contar duas coisas singelas sobre ele. O Walter é apaixonado por tartarugas. Mas, não se trata apenas de um interesse acadêmico ou técnico relacionado a esses animais. Na verdade, seu fascínio está profundamente enraizado no campo mais imaginativo e criativo que você possa imaginar. Ele, inclusive, criou um reino com suas tartarugas e atribuiu um papel a cada uma delas.

O país recebeu o nome de Quelônia em homenagem à denominação científica dada à família das tartarugas. Neste reino, pessoas e animais compartilham dos mesmos direitos, não há exército próprio, e a taxa de criminalidade é zero.

Outro fato que chama atenção em Quelônia é que seu esporte oficial é a roleta. Este traço marcante da sociedade queloniense tem reflexos não só na prática esportiva, mas também na maneira como as cidades são organizadas. Por incrível que pareça, os endereços no país são formados por números e por cores. O rei D. Longo I, por exemplo, mora na Segunda Dúzia, Preto, 17.

Este é apenas um pequeno panorama acerca da rica e profunda cultura do reino de Quelônia. Um país que é fruto do engenho, criatividade e imaginação do Walter, um pensador nato que tem como parte fundamental de sua essência o ato de criar.

Um dos temas mais inquietantes para o Walter é a imaginação, e este livro reflete essa paixão. Ele acredita que temos um superpoder como seres humanos: nossa capacidade de imaginar e viajar para qualquer lugar e espaço sem sair do lugar. Por vezes, Walter janta com a Cleópatra e, em outras viagens pelo pensamento, navega pela Grécia Antiga para entender mais nossa origem. Ele nunca desistiu de imaginar e sempre teve uma grande convicção de que a curiosidade é o combustível da alma, e a imaginação é o veículo que te leva aonde você quiser.

E por fim, quando criança, Walter testemunhou o Coelho da Páscoa deixando os ovos em sua casa. Crer nisso, de fato, o torna único, pois ele é um dos poucos a que o Coelho da Páscoa se revelou.

Leia este livro como se ele fosse o mais importante da sua vida. A cada capítulo, pare e reflita sobre o quanto você tem conseguido viver como um GURI. Entregue-se à sua imaginação e quem sabe também não descubra coisas que sejam únicas para você, permitindo a si mesmo encontrar, ainda que já adulto, um coelho levando seus ovos em um domingo de Páscoa.

INTRODUÇÃO

ESTAMOS EM UMA ERA DE GURUS

Você sabia que, se acordar às 5h da manhã…
Quando você se der conta disto, vai ficar chocado!
Ficar rico é simples, basta…

Se assistiu a um vídeo no YouTube ou visitou uma livraria recentemente, é certo que você se deparou com alguma dessas frases, ou com outras muito semelhantes, relacionadas a temas diversos — emagrecimento, gestão pessoal, finanças, liderança, empreendedorismo e assim por diante. É tentador clicar no vídeo ou se deter à leitura, já que esses conteúdos têm um "modesto" objetivo: fornecer uma fórmula simples que resolva todos os nossos problemas.

Mas se a solução é tão simples, por que razão a sociedade segue repleta de pessoas exaustas, infelizes com a própria aparência, com problemas financeiros e cada vez mais cheia de fórmulas mágicas para sanar todas as moléstias? É importante enfatizar que a intenção aqui não é deslegitimar ou menosprezar a importância do trabalho oferecido, por exemplo, por educadores financeiros, *coaches* e demais profissionais que oferecem alternativas e ferramentas pautadas em metodologias válidas. Determinados "gurus" ensinam caminhos que são importantes para contornar determinadas dificuldades. Porém, neste momento, se está produzindo uma geração de pessoas que não está preparada para o mundo que se impõe.

Essa tendência perpassa pelo modo como nos relacionamos com o mundo atualmente. Da hora em que acordamos a quando vamos dormir, interagimos com dispositivos que dissipam a fronteira entre o on e o offline, mediados por algoritmos que conduzem a nossa jornada digital.

Ao longo dos anos, e com o avanço do domínio sobre o aprendizado de máquina, as grandes empresas de tecnologia — as chamadas *big techs* —, que coletam dados em cada uma dessas interações, passaram a aprimorar os algoritmos com regularidade, visando aperfeiçoar a experiência do usuário em suas plataformas. No entanto, o que tem o objetivo de ser um guia pode passar a ser, também, uma sutil ferramenta de tutela ou de coerção.

Com menos de seiscentos habitantes e rodeada por casas em tons pastel, Portofino é uma pequena cidade italiana, situada na região da Ligúria, que configura um cenário paradisíaco, graças à arquitetura característica do local e suas águas azuis cristalinas, ladeadas por montanhas. O local, que foi parte de filmes como *O Talentoso Ripley*, *Um Sonho de Primavera* e *O Lobo de Wall Street*, ficou famoso como o cenário de outra grande produção, não relacionada diretamente a Hollywood, mas, sim, a uma das famílias mais famosas da Califórnia.

No dia 22 de maio de 2022, Portofino estava repleta das pessoas mais famosas do mundo, que se reuniam para celebrar o casamento da empresária e socialite Kourtney Kardashian com Travis Barker, baterista da banda de rock Blink-182. O luxo do evento e a beleza da Riviera Italiana, no entanto, não receberam tantos holofotes quanto os figurinos de quem estava presente no evento.

Na cerimônia realizada em um castelo medieval, a noiva ostentava um longo véu bordado com a técnica de ponto-cruz, que formava a imagem da Virgem Maria, semelhante à tatuagem que o noivo carrega na cabeça desde os 19 anos. No véu ainda se liam as palavras *Family* (Família), *Loyalty* (Lealdade) e *Respect* (Respeito). O tradicionalismo dele contrastava com o vestido curto de espartilho, inspirado nas clássicas lingeries italianas.

Enquanto o noivo vestia um terno aparentemente convencional, as roupas dos outros membros da família Kardashian também chamavam a atenção do público e da mídia, graças a cortes e estampas que, em um contexto mais cotidiano, talvez não fossem considerados de bom gosto (ou seja, seriam chamados de cafonas).

Por mais desconexo que o *dress code* parecesse, havia uma linha que conectava todos os trajes: eles eram da grife Dolce & Gabbana, patrocinadora do evento. Até mesmo convidados que não carregavam o famigerado sobrenome da noiva vestiam peças da glamourosa grife italiana, tanto no casamento quanto nos jantares e eventos de comemoração mais intimistas que o antecederam.

As buscas tanto pelo nome da grife quanto pelo sobrenome da família californiana (que também é uma marca), de acordo com o Google Trends, tiveram um pico entre os dias 21 e 23 de maio, quando o casamento era um dos assuntos em evidência e ocupava os *trending topics*.

Apesar das polêmicas nas quais a Dolce & Gabbana já esteve envolvida, naquele período em que estava atrelada a um dos eventos mais comentados, ela se manteve como sinônimo de marca tradicional que converge com as tendências mais modernas, veste idosos e crianças, é clássica e extravagante e, sobretudo, capaz de se manter em evidência nas redes sociais.

Uma pesquisa rápida por elas mostra que, naquela fatídica semana de maio em que o casal Kardashian Barker celebrou sua união, pessoas ao redor do mundo discutiam sobre a Dolce & Gabbana, ostentavam produtos da marca e enalteciam modelos e influenciadores digitais que vestiam a grife. E todas essas pessoas, nas semanas seguintes, receberiam anúncios, de acordo com seus respectivos perfis de renda e consumo, para que pudessem consumir produtos da D&G.

Certamente, nesse caso, trata-se de uma marca destinada a um nicho social específico, cujos produtos têm um alto custo financeiro. No entanto, esse frisson gera um impulso de consumo ocasionado por FOMO (*Fear of Missing Out*, ou "Medo de Ficar de Fora"). O termo, criado pelo estrategista de marketing Dan Herman, passou a ser usado por Patrick McGinnis e Andrew Przybylski, pesquisadores de Harvard e Oxford, respectivamente, para definir uma síndrome psicológica bastante atrelada à ascensão das mídias sociais que gera um sentimento de pânico em quem não consegue acompanhar ou estar por dentro dos assuntos e tendências que estejam em voga.

A hiperconexão, manifestada pela necessidade de consultar as redes sociais, e-mail e aplicativos de entretenimento a todo instante é um dos sinais de alerta para FOMO. Esse impulso faz com que uma pessoa que nunca tenha pensado em consumir determinada marca acabe comprando algo apenas para fazer parte de um movimento invisível que se constrói em torno de uma tendência. Associadas a isso, dificuldade de concentração e oscilações frequentes de humor são sintomas comuns dessa síndrome.

Passado o boom midiático do evento, quem, movido pela curiosidade gerada pelos *trends,* adquiriu um perfume Dolce & Gabbana é alvo de um trabalho de *retargeting* agressivo mediado por algoritmos, que seguem direcionando anúncios e sugestões de produtos e lojas. Tudo porque, naquele 22 de maio de 2022, a pessoa acompanhou uma cerimônia de casamento.

Frente a essas relações intermediadas por algoritmos e big data, não é incomum que as pessoas sejam seduzidas por determinadas narrativas. O desejo do consumo é uma dessas manifestações. Afinal, é tentador comprar o sapato que a influenciadora exibiu no Instagram, ou fazer a viagem que o youtuber mostrou em um vídeo — mesmo que tais aquisições nem lhe passassem pela cabeça antes de ter contato com esses discursos.

Ainda que esse já fosse o efeito pretendido pela publicidade desde o século XVII, hoje ele é provocado por caminhos mais tênues e direcionado a nichos cada vez mais específicos. Por essa razão, é mais eficaz e gera resultados mais imediatos, enquanto o espectador se torna cada vez menos capaz de identificar o que ele de fato deseja, do que precisa, o que quer ou como se sente, pois existe um mediador fazendo esse papel por ele.

Vivemos em uma era de gurus, de todos os tipos, impulsionados pelo mundo digital, que se propõem a nos ensinar a viver. E este livro serve como um contraponto a essa tendência atual.

Este também é um livro sobre tecnologia. Com a imposição da inteligência artificial e da robótica, em uma vida guiada pelos algoritmos e com o imperativo do metaverso, o ser humano atual, e dos séculos futuros, vai ter que desenvolver muito mais a própria capacidade imaginativa do que a competência produtiva.

A sociedade demandará pessoas treinadas para serem curiosas e explorar o inimaginável, e não só produzir com competência aquilo que é imaginado. O trabalho produtivo inevitavelmente será executado pelas máquinas. Então, cabe aos humanos fazer aquilo que lhes compete: *Criar, sonhar e imaginar, como só os guris sabem fazer.*

PARA LER E ENTENDER

Tendo isso em vista, é importante definir os conceitos que serão mencionados com mais frequência ao longo do livro, a começar pelo título. O Brasil é um país de dimensões continentais, que abriga diversos dialetos e, portanto, variações lexicais, englobados pela língua portuguesa. Segundo o linguista Marcos Bagno, "A língua é viva, dinâmica, está em constante movimento — toda língua viva é uma língua em decomposição e em recomposição, em permanente transformação". Isso explica por que alguns termos são tão familiares em determinados grupos sociais, ou por que certas palavras são usuais no Sul, mas desconhecidas no Norte do país.

- **Guri:** sinônimo de "menino" no Sul do Brasil. É resultado da influência do tupi, em que *guïrï* significa "bagre novo" e, por extensão de sentido, passou a designar as crianças. Um grupinho de crianças pode ser uma "gurizada".

- **Guru:** termo que remete ao sujeito que exerce um tipo de influência profunda, quase espiritual.

- **Criatividade:** inventividade que permite criar, e inovar em diferentes âmbitos, além da curiosidade por compreender discursos inéditos e solucionar problemas.

- **Curiosidade:** desejo intenso de ver, ouvir, conhecer, experimentar coisas, sejam elas novas ou não, bem como impulso de buscar aprofundar-se em situações insólitas.

- **Imaginação:** capacidade de evocar imagens, estabelecer conexões e sentido e, a partir disso, criar.

- **Tecnologia:** estudo de técnicas e ferramentas relacionados às diferentes atividades humanas. Por extensão de sentido, o termo define qualquer técnica complexa para solucionar problemas e criar — o que nos permite inferir que a criatividade também é uma tecnologia à nossa disposição.

PARTE 1

A ECONOMIA DA IMAGINAÇÃO

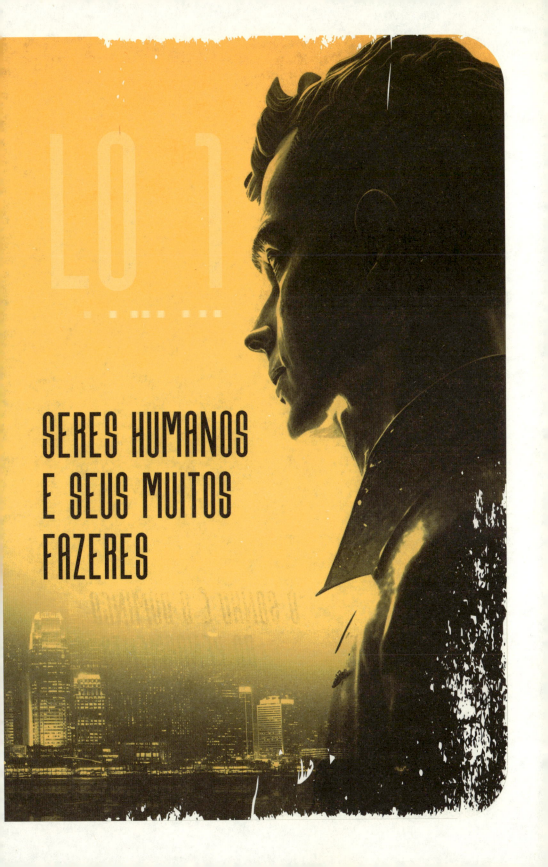

"O SONHO É O DOMINGO
DO PENSAMENTO."

— HENRI AMIEL

Um grupo de homens habita uma ampla caverna onde a luz adentra apenas por uma pequena fresta. A única referência externa dos habitantes, que também vivem imobilizados e voltados ao fundo da caverna, passa a ser esse único feixe de luz que se reflete na parede de pedra.

No exterior, em frente ao hostil habitat pedregulhoso, as pessoas vivem suas vidas aparentemente livres, transportando objetos, transitando entre diferentes lugares, conversando, emulando os sons dos pássaros e outros animais com os quais possam cruzar em um dia ensolarado.

No fundo da caverna, essas vozes e sons ecoam, reverberando entre aqueles que a habitam, e as sombras da vida externa se refletem como uma espécie de filme de gosto duvidoso exibido em um cinema de má qualidade. A referência dismórfica é não só o único entretenimento como também a referência de vida daqueles que vivem no escuro.

Até que um daqueles habitantes se livra dos grilhões, encaminha-se para o exterior da caverna que, durante muito tempo, foi sua única referência de mundo e finalmente chega à fonte de luz. Após se familiarizar ao sol, à natureza e à complexidade de movimentos e gente, aos poucos, ele compreende que essas são as figuras amorfas às quais assistiam.

Fascinado pelo exterior, esse indivíduo retorna à caverna, a fim de contar aos ex-companheiros sobre toda essa magnitude e libertá-los também. O desfecho, no entanto, como você provavelmente já sabe, é bem menos catártico.

Os habitantes que ficaram na caverna não acreditam no indivíduo que retorna e, mais ainda, o tomam como louco. Para eles, a realidade das sombras é a única possível, enquanto a luz, o som, a natureza e a amplidão são delírios.

O novo ser humano vai ter que retornar aos primórdios dessa caverna de Platão e ser, ao mesmo tempo, o sujeito liberto e aquele que consegue ser resiliente e se entreter com as imagens nas sombras. Mais ainda, vai precisar saber comunicar-se com quem estiver tanto dentro quanto fora da caverna, transitar entre ambos os habitats e conciliar esse multiculturalismo. Da mesma forma, será necessário recuperar o ímpeto de descoberta de quando ele se jogava ao desconhecido dos mares, como faziam os grandes navegadores, munidos de recursos escassos e sem saber exatamente aonde chegariam. Hoje, nós somos uma sociedade acovardada e precisamos ampliar a nossa capacidade de sonhar, de imaginar e de ter coragem. Proponho, então, que busquemos um novo modo de *ser* humano.

Ante o imperativo da sociedade de consumo, Kiko Kislansky defende a necessidade de reforçarmos o nosso aspecto como "seres" humanos — indivíduos compostos de desejos, relações, *backgrounds*, subjetividades —, e não "teres" humanos, ou seja, a nossa humanidade e cidadania não devem ser mensuradas pelo consumo, mas pela nossa existência intrínseca.

Nesse sentido, Kislansky afirma que negócios com propósito bem definido conduzem a humanidade para um nível mais elevado da vida em sociedade. A proposta dos gurus reafirma outra concepção, que pode ser atrelada à de *teres* humanos (baseada principalmente na ideia de consumo), que é a de *fazeres* humanos, pautada na lógica industrial.

O conceito de produtividade está intrinsecamente ligado à Revolução Industrial e à ideia de produzir e gerar valor com maior eficiência, o que não necessariamente se traduz em renda para quem produzir. Apesar de os modelos que representam essa concepção já serem considerados anacrônicos mediante a organização do trabalho do século XXI, como o fordismo e toyotismo, a noção de produtividade pós-século XVIII segue praticamente intacta.

O novo papel do ser humano, no entanto, não é o de engrenagem em um mecanismo que estará, em breve, tão bem lubrificado que mal precisará de nós. É ter a capacidade de imaginar e sonhar, ir além e perguntar o que ninguém perguntou antes. Caso contrário, sem um propósito aparente, ele será uma peça inerte — talvez lhe reste apenas vestir um *wearable device* e ficar no metaverso, sem ter o que fazer no mundo físico.

O QUE NOS TORNA HUMANOS?

Do ponto de vista biológico, o bipedismo, assim como a existência de polegares opositores, é uma das características que nos definem como humanos, pois o homem, oriundo da diversificação de primatas bípedes, desde o seu primeiro espécime, sempre andou sobre dois pés. Ainda que alguns primatas também possam, eles o fazem por períodos curtos de tempo, enquanto esta é a principal forma de locomoção dos humanos.

A paleoantropóloga Carol Ward, da Universidade de Missouri, defende que a forma como os humanos se locomovem é diferente de qualquer outro animal no planeta: com um pé atrás do outro, mantendo o corpo ereto durante uma série de movimentos específicos. Isso é algo que nenhum outro primata faz e parece ser um comportamento que esteve presente em alguns dos membros mais antigos do nosso ramo da árvore genealógica, representando a mudança adaptativa mais importante para um animal semelhante ao macaco. No entanto, segundo Ward, a característica mais incomum e distintiva dos humanos hoje é o cérebro, capaz de fazer coisas que nenhum outro animal nem sequer chega perto, como desenvolver cultura e linguagem.

Culturalmente, os humanos se distinguem pela imaginação diante dos problemas, inclusive dos mais urgentes, atrelados à sobrevivência, com o objetivo de solucioná-los. E foi a criatividade que os levou ao desenvolvimento de tecnologias e ao uso deliberado de ferramentas (por exemplo, os artefatos de pedra).

A distinção entre *imaginação* e *curiosidade* feita na Introdução deste livro é importante porque outros animais também podem ser curiosos. No livro *Blueprint: As Origens Evolutivas de uma Boa Sociedade*, o médico e sociólogo Nicholas Christakis menciona o chamado teste do espelho, cujo objetivo é analisar a capacidade de autorreconhecimento. Ele descreve a curiosidade demonstrada por animais como golfinhos, macacos e elefantes diante da própria imagem no espelho:

> *"Os animais que se reconhecem ao ver sua imagem geralmente passam por vários estágios, que refletem uma crescente curiosidade e consciência. Mas algumas espécies são até capazes de passar no teste do espelho, no qual um animal toca ou explora preferencialmente uma marca colocada em seu corpo que só pode ser vista no espelho, indicando assim que ele se reconhece."*

No entanto, se alguém disser a esse animal que ele se olhe no espelho e imagine uma bela floresta cheia de árvores frondosas ao redor de si e o som de um rio que desce pelo declive, ele jamais será capaz de tal feito. Apesar de outros símios apresentarem comportamentos que se assemelhem aos dos humanos, a imaginação dos guris segue inédita.

Em um nível mais particular de humanização, Félix Guattari indica que a subjetividade do ser se manifesta tanto no campo social como na individualidade e, segundo o autor:

> *"O modo pelo qual os indivíduos vivem essa subjetividade oscila entre dois extremos: uma relação de alienação e opressão, na qual o indivíduo se submete à subjetividade tal como a recebe, ou uma relação de expressão e de criação, na qual o indivíduo se reapropria dos componentes da subjetividade, produzindo um processo que eu chamaria de singularização."*

Na obra *Mil Platôs*, Gilles Deleuze e Guattari reforçam o conceito de "devir", segundo o qual nossa humanidade está em constante transformação, já que o nosso ser humano é atravessado por outros modos diversos de ser, viver e existir.

No âmbito da linguística, Noam Chomsky defende que a recursividade é o que distingue a cognição humana das demais, pois nos torna seres hábeis em concatenar ideias e enunciados sucessivamente, de maneira compreensível e da qual se pode depreender sentido. Considerando que nossas relações são mediadas por linguagem, esta, por sua vez, é uma característica atrelada ao "vir a ser" humano defendido por Deleuze e Guattari.

Em suma, o verdadeiro ser humano é aquele que sonha, que imagina, que é curioso em suas interações com o mundo e que transforma essa curiosidade em ímpeto. Mas essas capacidades foram praticamente perdidas, graças a uma visão absolutamente prática e utilitarista da existência, quando, na verdade, deveríamos nos questionar mais, perguntar mais, imaginar mais e, consequentemente, criar mais do que a gente vem fazendo.

Os *fazeres* humanos ainda se sobressaem aos *seres* humanos, e é imperativo que nós os resgatemos.

TRÊS SÉCULOS DE TRABALHO E ALÉM

Olhando para o futuro, a perspectiva é que a divisão do trabalho realizado por humanos e aquele desenvolvido pelas máquinas seja ainda mais acentuada. Segundo a Organização para a Cooperação e Desenvolvimento Econômico (OCDE), essa disrupção poderá extinguir, nos próximos anos, 14% das posições de trabalho hoje conhecidas, bem como modificar totalmente a realização de 32% delas.

Por mais preocupantes que esses dados pareçam, as rupturas do modelo de trabalho são constantes — do estabelecimento da agricultura, que culminou no fim do nomadismo, à invenção da roda, passando pelas máquinas a vapor e culminando, hoje, na quarta revolução industrial — à medida que as sociedades reorganizam suas formas de estruturar-se e criam ferramentas que as beneficiam.

Conhecido como "a pré-história da inteligência artificial", ou até mesmo como "a era dos *autômatos*" — termo de origem grega, que significa "aquilo que se move sozinho" —, o século XVIII teve uma efervescência no âmbito da invenção de máquinas com o propósito de emular os humanos e, então, substituí-los em determinadas tarefas. Tal ambição remonta à Grécia Antiga, quando engenheiros se dedicavam à tarefa de produzir elaborados circuitos envolvendo válvulas e sifões para construir fontes de água; por mais primitivos que esses mecanismos pareçam, trata-se de uma manipulação deliberada do fluxo natural da água como era conhecido (que sempre rumava para baixo, e não para cima) e da terceirização de uma tarefa que demandaria um humano.

No ano de 1737, o artista Jacques de Vaucanson finalizou a criação de um flautista mecânico movido a corda, capaz de regular os próprios movimentos e os fluxos de ar de modo a soprar e reproduzir a tarefa de um músico humano.

Em um artigo publicado em 1747, o médico e filósofo francês Julien Offray de La Mettrie, profundamente interessado na questão relativa ao binômio mente-corpo, afirmou: "Os seres humanos são extremamente parecidos com os animais, e um macaco poderia aprender a linguagem humana, caso fosse devidamente treinado." E mediante a evolução do desenvolvimento dos autômatos, que realizavam tarefas cada vez mais complexas e tinham aparência cada vez mais realista, concluiu: "O corpo humano é uma máquina emaranhada nas próprias engrenagens... a alma é apenas um princípio do movimento ou uma parte material e consciente do cérebro."

Em torno de 1768, Pierre Jaquet-Droz, um famoso relojoeiro suíço da época, criou três autômatos complexos, de formato humanoide e similares a crianças, conhecidos como O Escritor, que é capaz de escrever pequenos textos predefinidos; A Musicista, que toca um pequeno órgão, feito especialmente para ela, e O Desenhista, que funciona de modo similar ao Escritor, sendo capaz de reproduzir imagens complexas para as quais for programado. O mais surpreendente é que todos os autômatos de Jaquet-Droz ainda funcionam e estão expostos no Musée d'Art et d'Histoire, na Suíça.

A quem tiver curiosidade, é possível visualizar um autômato no filme *A Invenção de Hugo Cabret*, adaptação cinematográfica do livro homônimo do autor Brian Selznick que foi indicada ao Oscar. Tendo como cenário a Paris dos anos 1920, o garoto órfão chamado Hugo Cabret vive em uma estação de trem, acompanhado de um autômato velho que herdou do pai. Ao longo do filme, o menino descobre que é possível fazer o autômato funcionar e passa a se dedicar a isso.

A palavra "robô", como a utilizamos hoje, deriva de *robota* (em tcheco, "trabalho forçado" ou "servidão") e surgiu em 1920 na peça teatral *RUR* (sigla de *Robôs Universais de Rossum*), do autor Karel Čapek. O termo foi usado para designar um tipo artificial de humanos que se assemelhavam mais a clones do que a máquinas, criados em laboratório com a finalidade de substituir os trabalhadores.

Em 1770, o engenheiro Wolfgang Von Kempelen apresentou à sociedade vienense aquela que prometia ser uma de suas maiores invenções, uma máquina capaz de jogar xadrez. Após derrotar diversos oponentes, entre eles Benjamin Franklin e Napoleão Bonaparte, foi descoberto que o enxadrista de Von Kempelen, na verdade, só movimentava as peças por meio de engrenagens e polias, mas quem jogava era um enxadrista humano, que ficava escondido dentro da máquina. Por essa razão, questiona-se até mesmo se é possível considerá-lo um autômato, já que sua principal tarefa, jogar xadrez, era mediada por um humano, embora parte de seus movimentos fossem autônomos.

O xadrez — atividade que envolve múltiplas possibilidades de movimentos e de consequências ao longo da partida — exige a capacidade de elaborar uma estratégia, dada a complexidade do jogo. E talvez esse seja o motivo da ambição relacionada à ideia de criar uma máquina autônoma capaz de desafiar bons enxadristas — e vencê-los.

Uma engenharia bem mais sofisticada foi necessária para que, mais de duzentos anos depois do enxadrista de Von Kempelen, em 1997, o supercomputador Deep Blue derrotasse Garry Kasparov, considerado o maior jogador de xadrez do mundo. Segundo o relato de Kasparov, o Deep Blue era diferente de qualquer coisa que ele tivesse enfrentado antes, e era possível sentir que havia uma espécie de inteligência inédita nesse oponente não humano.

Subcampo da inteligência artificial, o aprendizado de máquina aprimora os algoritmos por intermédio dos dados obtidos em treinamentos, fazendo com que a máquina se torne "inteligente", e não apenas pré-programada. O supercomputador da IBM que venceu Kasparov contava com um software que fora treinado por cientistas assessorados por grandes enxadristas.

Com o panorama evolutivo dos autômatos considerados como os antepassados do Deep Blue aos projetos recentes da IA, não é difícil acreditar que, um dia, nós mesmos não seremos sobrepujados pela tecnologia. No entanto, vale ressaltar que, quando pensamos nas grandes obras do século XVIII, dificilmente o que vem à memória é o legado relacionado aos autômatos.

No âmbito da arte, praticamente ninguém se recordará da reprodução da imagem do deus Cupido pelo Desenhista do relojoeiro Jaquet-Droz, mas a obra *Família de um Chefe Camacã, Preparando-se para Festa*, do também francês Jean-Baptiste Debret, é facilmente reconhecida até por olhos leigos. Na música, o som expelido pelo Flautista é revisitado apenas a título de curiosidade, enquanto as sonatas de Mozart seguem imortais, e a *Sinfonia nº 5* de Beethoven, datada do início do século XIX, talvez já tenha sido ouvida por todos os seres humanos da face da Terra.

A razão disso é que a criação derivada de processos criativos intrinsecamente humanos, em oposição a representações artificiais, atinge uma inteligibilidade que é partilhada por nossas identidades e subjetividades. Segundo o autor Luís Carmelo, doutor em semiótica pela Universidade de Utreque, o *imaginário* configura uma interface entre verdade e sentido; dessa forma, está relacionado a uma sensação de pertencimento natural.

O *The Future of Jobs Report* "Relatório do Futuro do Trabalho", em tradução livre, de 2020 do Fórum Econômico Mundial apontou que até 2025 a automação eliminará 85 milhões de empregos e criará outros 92 milhões. Isso fará com que as máquinas assumam as tarefas repetitivas e de precisão, enquanto os humanos vão se dedicar a funções que exigem soft skills como criatividade, capacidade de inovar e empatia.

Essa versão do relatório, já contemplando dados relacionados à tensão imposta pela pandemia da Covid-19, aprofunda-se ainda mais na importância da criatividade para o futuro e enfatiza a relação intrincada entre a tecnologia e a capacidade de *imaginar*.

Eu sempre me dediquei à escrita, sendo redator de formação e planejador de profissão. E sempre admirei quem sabia expressar suas ideias através da arte e da ilustração. Mas graças à inteligência artificial, aplicativos como MidJourney e Dall-e 2 permitem que, hoje, eu expresse minhas ideias escrevendo, e isso seja traduzido pelas máquinas em imagens impressionantes pelos detalhes e sua capacidade de apreensão e compreensão dos conceitos descritos em palavras. É o sonho do relojoeiro Pierre Jaquet-Droz e seus autômatos de três séculos atrás.

15

HABILIDADES MAIS IMPORTANTES PARA AS ORGANIZAÇÕES ATÉ 2025, SEGUNDO O FÓRUM ECONÔMICO MUNDIAL

1. Pensamento analítico e inovação.
2. Capacidade de aprendizado ativo.
3. Resolução de problemas complexos.
4. Pensamento crítico e analítico.
5. Criatividade, originalidade e iniciativa.
6. Liderança e influência.
7. Capacidade de usar, monitorar e controlar equipamentos tecnológicos.
8. Programação e design na área da tecnologia.
9. Resiliência, tolerância ao estresse e flexibilidade.
10. Racionalização, ideação e resolução de problemas cotidianos.
11. Inteligência emocional.
12. UX (user experience) e solução de problemas de usuários.
13. Orientação ao serviço.
14. Análise e avaliação de sistemas.
15. Persuasão e negociação.

Perceba que, segundo o levantamento feito pelo Fórum Econômico Mundial com as organizações, a criatividade supera, e muito, a capacidade de persuasão e de negociação e antecede até mesmo a tão falada habilidade de liderança. Obviamente, pessoas criativas são capazes de solucionar problemas diversos com tanta facilidade que as demais habilidades acabam sendo uma consequência natural, quase como ramificações.

As soft skills são características pessoais que influenciam o modo como alguém trabalha ou interage com os demais. Entre elas, está em voga falar sobre inteligência emocional, que é a habilidade de autogerenciamento e gestão das próprias emoções.

Rebecca Gotlieb, doutora em psicologia da educação pela Universidade do Sul da Califórnia; a neurocientista Mary Helen Immordino-Yang; o cientista cognitivo Scott Barry Kaufman e a professora de história Elizabeth Hyde, em seu estudo intitulado *Imagination Is the Seed of Creativity* ("A Imaginação é a Semente da Criatividade", em tradução livre), definem uma soft skill mais alinhada às demandas da era da inovação: a *imaginação socioemocional*.

Ela é a capacidade de conceber múltiplas possibilidades, bem como perspectivas cognitivas e afetivas, cursos de ação; refletir habilmente sobre cada um deles e, a partir disso, interpretar o mundo e modificá-lo. É composta de várias habilidades imaginativas específicas, como:

- tomada de perspectiva;
- construção de identidade;
- reflexão interna construtiva;
- consciência multicultural.

A imaginação socioemocional também envolve os processos mencionados a seguir, que fornecem o aporte necessário para a manifestação da criatividade, mas também para tomadas de decisões importantes, resoluções de problemas e inovação:

- elaboração de significado;
- construção de narrativas;
- capacidade de criar jogos de faz de conta;
- planejamento;
- autorregulação;
- tomada de decisões morais.

Antes das habilidades imaginativas socioemocionais na tomada de perspectiva, construção de identidade, reflexão interna construtiva ou consciência cultural, as pessoas desenvolvem habilidades imaginativas prévias, antes mesmo da vida adulta. O jogo de faz de conta é a atuação em histórias que envolvem múltiplas perspectivas e a manipulação lúdica de ideias e emoções. Essa habilidade viabiliza atuações mais empáticas, oportuniza pontos de vista mais diversos e inovadores e abre um leque de opções infinitas, semelhante àquelas do mundo criado nas brincadeiras dos guris.

A tomada de perspectiva empática, outro aspecto da imaginação socioemocional, é a capacidade de imaginar o que o outra pessoa pensa ou sente, ou de imaginar a si mesmo como sendo outro. A tomada de perspectiva afetiva é inerentemente um ato de imaginação, na medida que requer simular as experiências de outra pessoa.

E, em breve, graças à relação biunívoca entre homem e máquina, uma nova forma de empatia vai surgir: a empatia digital, ou a capacidade de interagir com a inteligência artificial de modo que possamos entender como ela pensa e infere para uma melhor transmissão de informação.

Já a construção de identidade flexível requer o estabelecimento de um senso de si mesmo, identificando e assumindo os múltiplos aspectos da própria identidade. Ela também envolve estratégias para aprimorar características que eventualmente o indivíduo deseje modificar, tendo em vista o mundo que ele pretende ajudar a construir.

A maneira pela qual aprendemos a construir nossa identidade é por meio da reflexão a respeito de quem somos e do que nossas vidas significam. A reflexão interna, por sua vez, permite-nos conectar ideias complexas e pensar sobre nossos próprios valores e crenças, a fim de orientar ações e pensamentos.

Outro componente central da imaginação socioemocional é o pensamento multicultural, baseado na consciência de que múltiplas culturas convergem em constante interação no mundo. É uma forma de consciência desenvolvida principalmente entre pessoas que convivem e interagem com outras culturas variadas — experiência comum em grandes organizações multinacionais, mas cada vez mais corriqueira no mundo globalizado.

Além da imaginação socioemocional, Gotlieb, Immordino-Yang, Kaufman e Hyde apontam outra forma de imaginação que apoia a criatividade: a imaginação temporal. Esta é caracterizada pela capacidade de se envolver em viagens mentais no tempo. Basicamente, esse processo significa estar ciente daquele (cronológico, social e cultural) no qual estamos, da nossa posição em relação a ele e, então, reconstruir e raciocinar sobre o passado e vislumbrar futuros possíveis.

A imaginação temporal inclui processos como prospecção, construção de memória episódica, divagação. Como a imaginação socioemocional, a imaginação temporal também é operacionalizada no cérebro pela rede de modo padrão.

Em uma entrevista publicada pela Unesco, o filósofo e psicanalista Miguel Benasayag rechaça a ideia de que os humanos serão obliterados pela inteligência artificial, simplesmente porque ambas são capazes de operar em âmbitos distintos. A inteligência viva não é uma máquina de cálculos, mas um processo que articula afetividade, corporalidade e erros. Em seres humanos, se pressupõe a presença de desejo e da consciência da própria história em longo prazo. A inteligência humana não é concebível à parte de todos os outros processos cerebrais e corporais.

Diferentemente dos humanos, que pensam por meio das conexões estabelecidas no próprio cérebro localizado dentro de seus corpos, uma máquina processa cálculos sem a capacidade de lhes dar sentido. Segundo Benasayag, muitos pesquisadores de IA estão convencidos de que a diferença entre a inteligência viva e a inteligência artificial é que esta última é quantitativa, enquanto a nossa é qualitativa.

Ou seja, se pensarmos projetivamente, em poucos anos, os seres humanos não terão mais que produzir, uma vez que a produção está, gradativamente, sendo assumida pela automação, inteligência artificial e robótica. Contudo, o que a sociedade tem feito hoje é treinar pessoas para serem cada vez mais eficientes e produtivas — o que está atrelado à pretensão e às promessas dos gurus —, quando, na verdade, esta é uma premissa que está com os dias contados. O "novo ser humano" (reconectado à sua própria humanidade), portanto, deve surgir a partir de agora.

O estudo *What Is the Future of Work?* ("Qual o Futuro do Trabalho", em tradução livre), de 2019, da Deloitte aponta três aspectos que passam e que ainda passarão por transformações profundas no âmbito do trabalho:

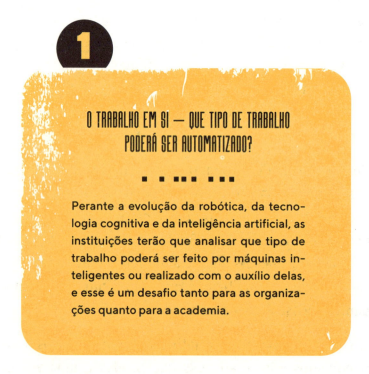

1

O TRABALHO EM SI — QUE TIPO DE TRABALHO PODERÁ SER AUTOMATIZADO?

Perante a evolução da robótica, da tecnologia cognitiva e da inteligência artificial, as instituições terão que analisar que tipo de trabalho poderá ser feito por máquinas inteligentes ou realizado com o auxílio delas, e esse é um desafio tanto para as organizações quanto para a academia.

2

A FORÇA DE TRABALHO — QUEM PODERÁ FAZER DETERMINADOS TIPOS DE TRABALHO?

Plataformas de interação social (como o LinkedIn) e novas formas de organização de trabalho têm tornado obsoletos o antigo modelo de recrutamento de recursos humanos e as contratações de trabalhadores fixos e em tempo integral. Novas maneiras de contratação devem conciliar a cultura moderna do trabalho intermitente e free-lancer com a aquisição e manutenção de talentos.

3

ESPAÇOS DE TRABALHO — ONDE SERÁ TRABALHADO?

A *gig economy* tem reorganizado as formas de trabalho, tanto individuais quanto coletivas, principalmente mediante o trabalho realizado online. As novas práticas trabalhistas devem contemplar múltiplas possibilidades de locais de trabalho, incluindo o hoje familiar modelo de home office e o nomadismo digital. Isso sem falar do metaverso que pode transformar *home working* em *coworking*, sem perda ou esgarçamento da cultura corporativa.

O ANTÍDOTO IDEAL

Ao notar que os ratos usados em experimentos científicos comumente se tornavam viciados em morfina durante o confinamento nas gaiolas de cobaias, o psicólogo e pesquisador norte-americano Bruce Alexander se dedicou a entender qual seria o gatilho dessa adicção.

Chamou-lhe a atenção o fato de os espaços ocupados pelas cobaias serem tão limitados, talvez esse fosse o motivo de os animais preferirem a morfina aos alimentos durante o período dos testes. Segundo ele, caso ficasse confinado em condições restritas como as dos ratos, possivelmente buscaria maneiras para escapar à realidade também.

Assim, Alexander criou o Rat Park. Tratava-se de um espaço muito maior do que as gaiolas que costumam abrigar as cobaias e com uma ampla variedade de objetos e atividades para os ratos se entreterem sozinhos, mas também coletivamente. Água, comida e morfina também estavam disponíveis. Ao término do experimento, o número de adictos foi dezenove vezes maior entre os confinados nas gaiolas convencionais em comparação aos ratos que viviam no Rat Park.

Realizado na década de 1970, o experimento serviu como base para a pesquisa de Alexander, voltada a estudar o vício e suas correlações. Claramente, o tédio é um fator preponderante para a tendência ao vício. Segundo o autor em um de seus estudos mais recentes, a integração social também é imprescindível para o bom desenvolvimento socioemocional e psíquico dos seres humanos, e a carência dela em algum estágio da vida pode levar ao vício.

A pandemia da Covid-19 explicitou a correlação entre tédio e adicção. A Organização Pan-Americana da Saúde divulgou que, entre 12 mil entrevistados de 30 a 39 anos, 35% afirmaram ter aumentado seu consumo de álcool durante o período de isolamento.

No livro *Nação Dopamina,* a psiquiatra norte-americana Anna Lembke demonstra a correlação entre a busca por recompensas rápidas atrelada à compulsão ao comportamento adicto. A dopamina é um importante neurotransmissor que atua no sistema nervoso central e funciona como uma espécie de regulador de emoções, provocando sensação de prazer e influenciando no humor, na motivação e até mesmo nas percepções de dor. Lembke aponta um desequilíbrio em nossas práticas cotidianas, que são pouco recompensadoras — e muitas vezes dominadas pelo tédio —, o que acentua as compulsões.

Sob a perspectiva analítica, o entorpecimento é visto como uma rota de fuga ou como um subterfúgio para um aparelho psíquico que não consegue imaginar a vida nem projetar o futuro, e os indivíduos passam a ter dificuldade para compreender e expressar seus desejos. A psicanalista Adriana Gradin define esse processo de adicção como "um transbordamento pulsional", caracterizado por uma dessensibilização afetiva nos quadros de apatia e tédio. A desafetação pode ser provocada por impulsos variados, entre eles a letargia provocada pela hiperconexão, já que esta deixa pouco espaço para a criação de vínculos e para a construção do devir.

Na primeira infância, o cérebro trabalha para gerar eficiência neural e sinapses. Na adolescência, passa a se reorganizar, principalmente no córtex pré-frontal e no adjacente lobo parietal, áreas bastante importantes para as funções executivas, incluindo a tomada de decisões. Assim, ele se livra das sinapses que não são usadas, de modo a tornar-se mais eficiente. Durante esse processo, há muitas sinapses não utilizadas "circulando" no cérebro — e é por isso que os adolescentes costumam agir de maneira desornada ou questionável; o cérebro deles está um caos.

Nesse cenário, o excesso de estímulo gerado pela hiperconexão gera ansiedade e, em consequência disso, distração e desconforto. Se não for criado um espaço que permita que as sinapses sejam reordenadas e outras, criadas, esse estado caótico será cada vez mais difícil de ser contido no longo prazo.

No artigo *"A busca do entorpecimento e os sintomas de tédio e apatia na clínica psicanalítica"*, Gradin enfatiza a importância dos períodos de "vazio criativo" — para os adultos, a construção do seu *third place* individual (falarei sobre ele logo adiante); para a criança, a oportunidade de brincar sozinha. Para ambos, isso serve para assegurar um ritmo interno saudável e, principalmente, viabilizar a manifestação da criatividade e a construção de respostas imaginativas perante a realidade.

Em consonância com as pesquisas de Alexander e Lembke, tendo em vista as possibilidades de construção da nossa humanidade, a *imaginação* é o antídoto mais eficaz e largamente disponível para o tédio. Como a juventude está perdendo a imaginação, está ficando cada vez mais viciada. Sem ela, você necessita de estímulos externos.

"A felicidade não é o ideal da razão,
mas, sim, da imaginação."

— *Immanuel Kant*

Guris são cheios de vida e repletos de imaginação. No Capítulo 2, falarei mais sobre essa efervescência que configura a infância e como mantê-la viva. Por ora, vale mencionar que o universo de "por quês" no qual as crianças orbitam é um indicativo de que nós chegamos ao mundo fascinados pela descoberta. Há uma excitação natural para conhecer o que existe, saber o que já aconteceu e atinar sobre o futuro, sem amarras lógicas.

Antigamente, a velocidade de transformação do mundo era mais lenta, e um jovem adulto já se sentia preparado para encarar a vida sem grandes novidades. No entanto, esse cenário mudou, e as transformações se aceleraram exponencialmente. Na vida adulta, você pode perder a curiosidade natural perante o desconhecido, essa vontade de descobrir o novo — que em breve deixará de ser tão novo assim. E é exatamente isso o que tem acontecido, enquanto a imaginação dos guris tem se tornado um insumo cada vez mais raro e caro.

A proposta, *a priori*, então, é que observe em uma criança as características que você deveria manter ao longo da vida — imaginação, criatividade, vontade de conhecer o novo etc. Porque o mundo hoje é novo todo dia.

O NÃO LUGAR DE UM SER COMPLETO

Por não precisar desempenhar papéis sociais predefinidos, a criança é livre para exercer a imaginação e pôr em prática toda a sua criatividade, exercendo um ato de *ser* muito mais pleno.

O sociólogo Ray Oldenburg afirma que todos nos dividimos em dois espaços sociais: o primeiro (*first place*) é onde desempenhamos nosso papel familiar. Nele, você é pai, mãe, filho, irmão de alguém. O segundo (*second place*) é o ambiente de trabalho, onde temos uma performance ainda mais formatada. Nele, você costuma ser subordinado de alguém, ou a chefe, o gerente e assim por diante.

Oldenburg defende que todos precisamos de um *third place*, um terceiro lugar — o qual também poderíamos chamar de não lugar —, em que possamos exercer nossa humanidade plena, com espontaneidade e sem o peso das estruturas sociais. Um exemplo disso seria a prática de um hobby, como tocar contrabaixo, por mero prazer, sem a pretensão de ser tornar um bom músico.

Um bom exemplo de *third place* é o happy hour com os colegas de trabalho. Naquele novo ambiente, o presidente e o supervisor são iguais, sem castas ou estamentos. O jogo de "pelada" no fim de semana também é outro exemplo disso. A experiência no metaverso, que tem se mostrado iminente, apesar de poder cumprir papéis mais protocolares, também poderá servir como um ambiente catártico ou *third place*. De acordo com Oldenburg, todos os seres humanos precisam desse espaço livre de papéis sociais definidos para sua própria saúde psicológica.

Segundo essa concepção, a criança vive no *third place* o tempo inteiro, o que lhe dá um espaço, tanto físico quanto simbólico, para explorar e criar. O etnólogo Marc Augé defende que a ação recíproca que exercemos sobre um espaço é o que o preenche e torna qualquer coisa possível, a partir, exclusivamente, da nossa interação com ele. Porém, a perda da vivacidade na vida adulta, atrelada aos múltiplos papéis que assumimos para performar no *first* e no *second place*, faz com que o *third place*, esse amplo não lugar disponível para ser construído a partir da imaginação, se esvazie.

Nós, humanos, diuturnamente temos oportunidades para recriar um terceiro lugar inédito para explorar. Ao sentar em um banco no aeroporto, em vez de matar tempo deslizando o dedo pela tela do celular, por exemplo, você pode ficar tentando imaginar aonde vai cada pessoa que passa na sua frente, qual é a história por detrás dela e o que leva na mala que está carregando. Trata-se do ato de ativar uma curiosidade quase científica. Ou seja, o seu papel social não o impede de continuar sonhando, imaginando, descobrindo, tentando decifrar o mundo.

E ele continua sendo cada vez mais criativo, múltiplo e cheio de novidade. Aquele mundo que vivemos e experienciamos há dez anos e o que vivemos hoje são completamente diferentes, e isso faz com que a nossa própria existência mude, para o bem e para o mal.

Somos soterrados por uma quantidade absurda de informação e de estímulos sensoriais, capazes de colonizar toda a nossa atenção e suprimir nossos ímpetos criativos. Isso representa um risco até mesmo diante de situações corriqueiras, como o ato de atravessar uma rua movimentada.

Tal atividade demanda um alto grau de atenção e paciência, e, muitas vezes, quem está sempre com os olhos voltados para baixo e pousados na tela do smartphone, usando fone de ouvido que abafa os ruídos, pode acabar entrando em "piloto automático" e correndo sério risco de ser atropelado. Alguém mais atento logo buscaria uma faixa ou semáforo de pedestres, observaria a distância dos carros para identificar o momento mais seguro de atravessar e assim por diante. A solução de problemas rotineiros também é um sistema complexo de concatenação, demanda capacidade analítica e até mesmo um pouco de inventividade.

Precisamos, portanto, manter a chama da excitação infantil para descobrir o novo, mas também para sobreviver. Se conseguirmos manter — ou reativar — as características infantis de sonho, a imaginação, a descoberta, e viver nesse *third place* constante sendo autênticos, seremos muito melhores e aptos para o novo mundo que está surgindo.

A inteligência artificial e os algoritmos estão acabando com a necessidade de sermos produtivos, e precisaremos descobrir o nosso novo papel. Sob essa perspectiva, os humanos também precisam ser ilimitados, assim como o *third place*. Diferentemente da vida adulta, quando passamos a impor restrições cada mais severas e somos obrigados a largar mão de sermos "infantis", a infância e os guris não têm limites.

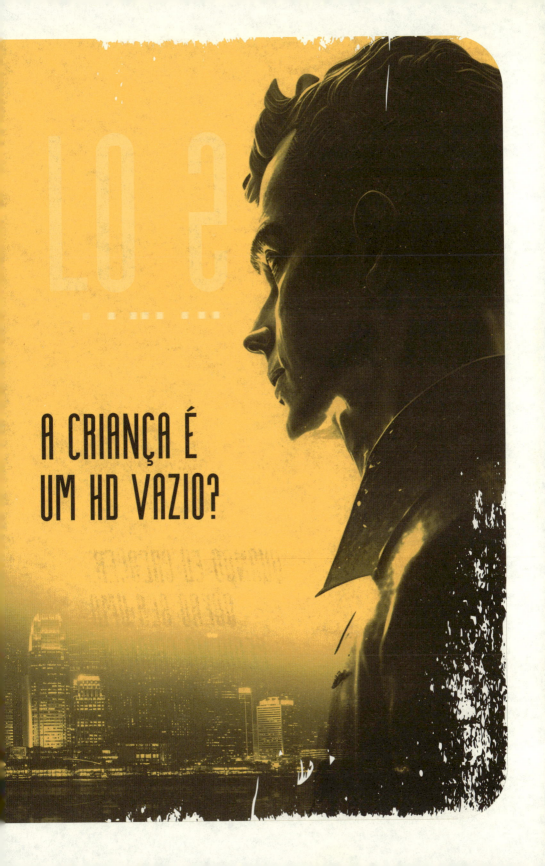

"QUANDO EU CRESCER,
QUERO SER UMA
PEQUENA CRIANÇA."

— JOSEPH HELLER

Tavira é uma pequena cidade costeira no Sul de Portugal. No dia 15 de outubro de 1890, em torno das 13h30, nessa pequena região banhada pelo Mediterrâneo, nascia aquele que seria reconhecido como o poeta da racionalidade, da ciência.

Álvaro de Campos era a típica figura que se poderia chamar de espírito livre. Com 1,75m de altura, cabelos lisos e propensão a ser nômade, mudava de trabalho com frequência, pois não conseguia se manter preso a uma rotina. Com uma mente bastante fértil e ativa, dedicava-se à leitura e arriscava na escrita poética.

Talvez justamente para fugir da tentação de se tornar errante e viver apenas nadando nas belas águas de sua cidade natal, ele se mudou para Lisboa e, depois, para Glasgow, na Escócia, onde se formou engenheiro. Essa fusão entre poesia e ciências exatas resultou em uma criação poética crítica à industrialização acelerada e desumanizante.

Semelhante ao processo de transformação tecnológica acelerada que conhecemos hoje, com a Primeira Revolução Industrial, a Europa passou por uma transição que modificou a organização social como era conhecida. Derivado do uso das máquinas, o ritmo de trabalho visando à produtividade exponencial era uma novidade que resultava em uma geração de pessoas aprendendo a conviver com distúrbios mal-adaptativos como depressão e ansiedade. Álvaro de Campos era uma espécie de porta-voz dos inconformados com aquele novo tempo. De volta a Portugal, conheceu outro grande poeta, de estilo diverso, mas tão inovador quanto o seu.

Enquanto Álvaro de Campos era um poeta da revolta e do descomedimento, Alberto Caeiro era um homem simples e equilibrado. Com educação formal praticamente nula, seu conhecimento vinha da observação e da reflexão, em um contato constante com a natureza. O contraste entre o homem da ciência e da rebeldia e o homem da natureza e do equilíbrio gerou uma relação de admiração e de amizade.

"O Guardador de Rebanhos", como Caeiro era conhecido, era uma espécie de mediador entre Álvaro de Campos e um terceiro poeta, Ricardo Reis. Este também era um homem culto, dedicado às ciências, que questionava a nova organização social portuguesa pós-industrialização. Contudo, diferentemente de Campos, era mais conservador, tanto nas ideias quanto na poética.

O encontro desses três poetas tão diversos quanto geniais poderia ter resultado em uma obra coletiva brilhante. Ou talvez até mesmo em uma comunidade de artistas dedicada a pensar soluções conjuntas para os problemas da sociedade que se impunha, ou a ensinar ciências e artes. Mas isso nunca aconteceu. Porque Álvaro de Campos, Alberto Caeiro e Ricardo Reis nunca existiram — exceto na mente daquele que os concebeu.

É comum que autores escrevam sob pseudônimos para manterem o anonimato ou, ainda, quando querem se arriscar em outros estilos literários diferentes dos quais estão acostumados. Mas Fernando Pessoa foi além. Com os heterônimos — à parte de sua própria poética assinada com seu próprio nome —, ele criou diversas personas complexas, com estilos de escrita e de vida, repertórios e backgrounds próprios, gerando uma obra vasta para cada uma delas.

Essa capacidade incrível de criar personalidades totalmente distintas e assumi-las de maneira alternada é uma habilidade que a gente costuma ter na infância. A criança pega um boneco, pega outro e os faz interagir em um universo imaginado. Outras vezes, ela assume vários papéis ao mesmo tempo e finge ser pessoas diferentes conversando, os tons de voz variando em uma espécie de novela com roteiro intrincado e criada de improviso por uma pessoa só.

Talvez você já tenha observado que, em seus empreendimentos infantis, a criança é o caixa do próprio restaurante, a dona do restaurante, o cliente, a cozinheira, o garçom, tudo ao mesmo tempo; às vezes, o cliente está nervoso, e aparece alguém para acalmá-lo com uma entonação de voz serena. Até mesmo os animais de estimação de todas essas personas são interpretados pela criança, sozinha, criando seu multiverso no brincar.

Outras têm amigos imaginários que as aconselham ou fazem companhia, não só na brincadeira, mas também como suporte nos momentos difíceis. Na infância, somos capazes de criar e encenar personalidades complexas, distintas personalidades, de maneira completa.

O surgimento do amigo imaginário costuma acontecer entre os 3 e os 6 anos de idade, no período de desenvolvimento chamado pré-operatório. Na medida que, nesse intervalo, a criança é bastante autocentrada, pois interpreta que os demais seres e a natureza orbitam a existência dela, esse amigo pode também representar uma espécie de alter ego — um ser capaz de fazer o que ela deseja fazer, mas não pode graças à idade ou a outros tipos de limitações, como geográficas, socioeconômicas, e assim por diante.

Um estudo feito em 2001 no Reino Unido inferiu que 46% das crianças até 12 anos tinham ou tiveram um amigo imaginário. Em 2014, uma pesquisa apresentada no Congresso da Sociedade Britânica de Psicologia Infantil mostrou que, em quase 90% dos casos estudados, a presença do amigo imaginário é saudável e colabora no desenvolvimento da criança, proporcionando mais momentos de diversão e ajudando na aceitação de limites.

Apesar de sermos levados a pensar em figuras incorpóreas com as quais a criança interage falando sozinha, brinquedos, bonecos, bichos de pelúcia e até mesmo animais de estimação podem assumir um papel de amigo imaginário, uma vez que representem simbolicamente um interlocutor disponível.

A relação entre a criança e esse amigo, ou esses, normalmente inclui uma diversidade de atividades a serem feitas "juntos" e assuntos que são debatidos com uma complexidade semelhante à de um diálogo, incluindo divergências e contrapontos. Isso se dá porque, no estágio pré-operatório, acontecem os principais processos cognitivos que favorecem o desenvolvimento da imaginação e a consequente capacidade de representação simbólica. O amigo imaginário, então, passa a ser um interlocutor, mas também um conselheiro.

Ao longo da vida, em torno dos 7 ou 8 anos, os amigos imaginários se dissipam e desaparecem. No entanto, nos casos em que essa representação simbólica passa a se manifestar por meio de uma imaginação criadora durante o crescimento, o indivíduo torna-se alguém de destaque. O brilhantismo de Fernando Pessoa reside justamente no fato de que ele conseguiu manter durante a vida adulta essa ilimitude criativa, que é tão simples e intrinsecamente relacionada à infância, e transformá-la em uma coisa magnífica.

Ao nos aproximarmos da maioridade, começamos a encarar uma vida muito mais limitada, sob uma perspectiva de que "ser infantil", inclusive, é pejorativo. Essa restrição começa na infância, quando a ideia de que é necessário impor limites à criança é tão latente que acaba suprimindo a criatividade e a imaginação.

Segundo a *Metafísica* de Aristóteles, contestar e questionar fazem parte da natureza humana, como um caminho para a obtenção do conhecimento. A lógica aristotélica está atrelada a um mecanismo de dedução, denominado silogismo, por meio do qual a concatenação lógica vai sendo construída de maneira individual, podendo ser guiada por perguntas e consequentes argumentações. Um exemplo clássico seria: "Todos os homens são mortais. Sócrates é homem. Portanto, Sócrates é mortal." Outra possibilidade de se chegar à conclusão apresentada seria pelo caminho reverso:

- Sócrates é mortal.
- Por quê?
- Porque Sócrates é homem, e todos os homens são mortais.

Essa elaboração cognitiva socrática se manifesta nos seres humanos já em torno dos 5 anos de idade, na conhecida "fase dos por quês". Nessa etapa do desenvolvimento, as crianças passam a questionar o porquê de tudo e a querer saber o que significa qualquer coisa que não lhes seja familiar. Procuram subsídios para ampliar seu conhecimento do mundo, formular hipóteses e, a partir disso, desenvolver o próprio pensamento crítico.

Indo ao encontro da perspectiva socrática, Jean Piaget afirma que o uso da linguagem por parte da criança é uma forma de ela manifestar aspectos afetivos e intelectuais recém-descobertos no que ele chama de estágio pré-operatório, que compreende dos 2 aos 7 anos de idade. Como consequência da linguagem, a forma de a criança interagir com o mundo e com seus pares se modifica por meio da socialização, do pensamento e da intuição.

No estágio pré-operatório, segundo Piaget, predomina uma espécie de pensamento egocêntrico, visto que a criança vê a si mesma como o núcleo das interações com o mundo que a circunda. Perceba que essa percepção egocêntrica não carrega juízo de valor nem nenhum tipo de carga moral; ela resulta exclusivamente da imaturidade cognitiva e social de um indivíduo que está apenas iniciando um período de descobertas de si mesmo, do mundo e, posteriormente, do outro.

A criança nessa fase ainda não reconhece que as vontades dela não necessariamente são também as mesmas dos outros — por essa razão, é possível depreender que, para ela, seus "por quês" talvez sejam também dúvidas ou interesses do outro. Ou seja, a sucessão de perguntas que ela faz reflete uma curiosidade genuína em relação ao modo como os fenômenos acontecem; às possibilidades para solucionar problemas; à razão de ser das coisas.

O quadro a seguir apresenta em detalhes as quatro fases de desenvolvimento infantil, de acordo com Piaget. A partir dessa compreensão, fica mais fácil entender a importância de estimular adequadamente as crianças, tendo em vista as demandas que se impõem daqui para frente.

FASES DO DESENVOLVIMENTO COGNITIVO SEGUNDO PIAGET

1

1ª FASE: DESENVOLVIMENTO SENSÓRIO-MOTOR

Ocorre do nascimento aos 2 anos de idade, quando a criança descobre o próprio corpo e começa a reconhecer sensações. As coordenações motoras ampla e fina são desenvolvidas tanto espontaneamente quanto por meio de estímulos. Segurar objetos, ouvir música e sentir diferentes texturas são atividades de estímulo favoráveis para esta fase.

2

2ª FASE: DESENVOLVIMENTO PRÉ-OPERATÓRIO

Abarca dos 2 aos 7 anos. A criança vê a si mesma como o núcleo em torno do qual os demais seres e fatos orbitam. É a famigerada fase dos "por quês", devido à curiosidade em relação ao mundo que a cerca. Esta é a fase na qual mais se manifesta a imaginação, com a criação de personas e de narrativas em um universo lúdico de brincadeira, bem como o surgimento de amigos imaginários.

Atividades de arte, dança, esportes, artes marciais e aulas de música são estímulos valiosos para esta fase, de modo a oportunizar a expressão criativa, mas também sistematizá-la.

3

3ª FASE: DESENVOLVIMENTO OPERACIONAL CONCRETO

■ ■ ■■■ ■■■

Dura em torno dos 8 aos 12 anos. Nesta fase, o repertório da criança está ampliado e passa a abarcar questões mais abstratas e existenciais, a partir do reconhecimento do outro e do meio ambiente como organismos autônomos. A autodisciplina, que começou a ser desenvolvida na fase pré-operatória, passa a ser mais compreendida e absorvida.

Neste período, ocorre um desenvolvimento mais profundo da própria identidade, e é importante dar a oportunidade para a criança manifestar suas opiniões e sentimentos.

4

4ª FASE: DESENVOLVIMENTO OPERACIONAL FORMAL

■ ■ ■■■ ■■■

Inicia-se em torno dos 12 anos, quando os guris já são capazes de se posicionar de maneira mais firme e defender suas opiniões, tendo uma compreensão mais ampla de si e do contexto que os cerca.

Nesta fase, o adolescente é capaz de instrumentalizar a própria imaginação e criatividade e aplicá-las para a solução de problemas, criação, manifestações artísticas, elaboração de narrativas e assim por diante.

A questão é que, à medida que a criança amplia seu repertório mediante o mundo, ela passa a questionar menos sobre coisas mais corriqueiras — "Por que as pessoas comem na mesa, e o cachorro come num pratinho no chão?", por exemplo — e passam a fazer perguntas cujas respostas normalmente não estão na ponta da língua — por exemplo, "Qual é a maior estrela do Universo?". (Caso você também queira saber, era a VY Canis Majoris, localizada na constelação Cão Maior, ou *Canis Major*, situada a aproximadamente 4.892 anos-luz da Terra. Como eu sei disso? É possível que eu tenha pesquisado quando era uma criança. Hoje, a Canis Majoris já não é considerada a maior.)

A certeza do adulto, muitas vezes, precede de maneira dogmática as razões que a justificam. A criança, por outro lado, duvida, questiona, como um pequeno cientista que parte do problema para a hipótese, e não o contrário.

O esforço exigido pela etapa mais avançada da fase dos por quês costuma resultar em repreensão por parte dos adultos, indispostos a lidar com a curiosidade ilimitada da infância. Ao se depararem com os questionamentos incessantes, os pais optam por impor limites às perguntas da criança — e assim, aos poucos, morre um Álvaro de Campos.

Em outro ímpeto de impor limites aos filhos, os pais censuram o espírito explorador dos pequenos seres que querem investigar cada canto de uma loja, restaurante, aeroporto ou da casa dos amigos. Essa imposição de limites se consolida na vida adulta, e é assim que um Alberto Caeiro é impedido de nascer.

> *"Não sou nada. Nunca serei nada.*
> *Não posso querer ser nada.*
> *À parte isso, tenho em mim todos*
> *os sonhos do mundo."*
>
> *— Fernando Pessoa*

ESTABELECER LIMITES, MAS NÃO LIMITAR

É possível conciliar a ausência de limites *criativos* dos guris e a necessidade de impor alguns limites que são importantes para a educação e para a vida em sociedade.

A educação autoritária e impositiva, que era comum no passado, tem deixado de ser o padrão adotado entre as famílias e no ambiente escolar, tendo em vista as novas perspectivas adotadas pela área da educação, com o respaldo da psicologia. Em oposição à ideia de impor limites usando punições e castigos, o diálogo é a estratégia que se provou mais eficaz tanto na educação quanto na formação do indivíduo no longo prazo.

Em entrevista para a revista *Crescer*, o psiquiatra Fernando Ramos, coordenador-geral da Escola de Saúde Mental do Rio de Janeiro, diz que:

> *A criança é como um computador com HD vazio, que precisa ser formatado. As regras são os programas para serem instalados [...].*
> *Para adquirir as competências de regulação nos aspectos emocional, ético moral, social, ela precisa encontrar um ambiente que tenha regras. Se não há, essas capacidades não se desenvolvem de forma adequada.*
>
> *Conforme a criança cresce, vai se apropriando da habilidade de ela própria introjetar essas normas, até que passam a fazer parte de sua constituição psíquica.*

Ela assimila as regras e vai se estruturando a partir delas quando são boas, e o ambiente é coerente, ou seja, quando a cobrança vem acompanhada do afeto.

O desenvolvimento socioemocional e cognitivo não acontece de modo aleatório. O comportamento e os processos mentais estão atrelados a relações e contextos que incluem, obviamente, as referências de parentalidade e o modo como a formação do indivíduo é conduzida nos variados âmbitos que ele frequenta.

Em contrapartida, outro fator limitador da imaginação muitas vezes imposto é a parentalidade helicóptero. Diferentemente dos pais cujo mote é reprimir ou punir as crianças por agirem como crianças, pais helicóptero são superprotetores e vivem orbitando ao redor dos filhos para impedir que algo de mau lhes aconteça. Sob a égide do cuidado zeloso, não permitem que eles explorem espaços, conheçam novos ambientes, que tenham liberdade para fazer amigos ou brincar.

Da perspectiva psicanalítica, pais "excessivamente bons" — que estão presentes a todo momento para impedir que os filhos reconheçam os próprios sentimentos e demandas, apreciem o vazio — impõem às crianças uma demanda que não é intrinsecamente delas, e que elas não têm recursos para satisfazer. Os pais se tornam uma espécie de gurus, como se fossem a única referência de mundo segura para os seus guris. O problema é que, dessa forma, a inteligência emocional e social dos filhos não se desenvolve por completo, enquanto a capacidade imaginativa é cerceada e atrofia, como um músculo que deixa de ser utilizado.

A mudança de pensamento, visando a uma conduta equilibrada — nem punitiva, nem superprotetora, e, sim, estimulante — também precisa passar pelo contexto da educação formal. As escolas como as conhecemos hoje foram concebidas tendo como base o contexto da Revolução Industrial, quando era preciso treinar um exército de pessoas, de maneira padronizada, para fazer parte de uma linha de produção. Assim, a imaginação não deveria ser estimulada (pelo contrário, era recomendável que fosse suprimida para evitar devaneios que prejudicassem o processo produtivo).

Outro arquétipo ao qual a escola remonta também é o da prisão:

- Todos usam uniforme.
- A escola é envolta por um muro alto, que impede a vista do mundo exterior.
- As crianças seguem rotinas rígidas, com horários bem definidos até mesmo para a alimentação e necessidades fisiológicas básicas.
- Um alarme sinaliza o momento do intervalo, no qual é possível tomar sol ou fazer alguma atividade física.
- Todos têm que ficar quietos e ouvir e obedecer à figura de autoridade.

Em seu livro *Rebeldia: Minha Fuga da Arábia Saudita para a Liberdade*, ao descrever sua rotina como mulher vivendo em uma sociedade autoritária, a refugiada e ativista Rahaf Mohammed relata que as mulheres eram condicionadas a ter um pensamento unívoco, a nunca questionar a autoridade, a respeitar as regras e costumes. A rigidez com o uniforme escolar valia para todos, sem quaisquer variações, e ninguém poderia usar roupas à sua escolha. Em suma, muito do que se costuma contestar em sociedades autoritárias é reproduzido cotidianamente nas escolas, sem quaisquer questionamentos.

Outro fator agravante é que a avaliação de performance se baseia em gabaritos predeterminados, e qualquer resposta diferente é desconsiderada. A formulação do pensamento dos guris é bastante lógica, alinhada com o silogismo socrático, o que significa que não necessariamente a conclusão virá por um caminho linear.

Por exemplo, diante deste enunciado:

> *"Um operário constrói uma parede em seis horas. Quanto tempo dois operários levarão para construir a mesma parede?"*

O gabarito diz que é três horas. Mas uma possível resposta seria "oito horas, pois eles vão conversar, se distrair, e não serão produtivos quanto poderiam". Essa dedução, apesar de bem embasada, seria pontuada com nota zero, pois não é essa a resposta que o gabarito exige.

Ainda que a matemática não seja apenas uma ciência para calcular, mas também para usar o raciocínio lógico, atrelado ao pensamento filosófico, o modelo educacional tradicional é antidialógico a ponto de suprimir estratégias de resolução de problemas mais imaginativas, em nome da manutenção do gabarito.

Muito se afirma que a educação é a solução para todos os problemas do mundo. No entanto, o modelo atual é parte do problema, pois reproduz inúmeros aspectos que já estão sendo reformulados em outros contextos sociais, como as estruturas rígidas de hierarquia, enquanto extermina a imaginação.

O ambiente educacional precisa ser elaborado por meio do diálogo e se comunicar com a realidade e a necessidade do contexto que o produz, em oposição ao tradicional sistema de educação "bancário", cujo método é "depositar" informações fragmentadas nos educandos.

A postura conteudista na escolarização vai de encontro ao silogismo de Aristóteles, à valorização da autonomia ao longo das etapas do desenvolvimento cognitivo de Piaget e aos dados sobre o futuro do trabalho que confrontamos anteriormente.

Pensar a escola atual é jogar luz sobre o modo como a educação se reflete na sociedade e se, de fato, ela viabiliza uma compreensão sociopolítica por parte dos alunos. O desafio posto é o de refletir sobre o papel social da escola, a formação docente, a proposta pedagógica, tendo em vista uma reformulação dessa abordagem.

A pandemia da Covid-19 impôs às escolas que o modelo de ensino fosse rapidamente adaptado para o formato a distância, porém o que se viu foi um cenário no qual professores estavam em frente à câmera olhando para uma tela e vendo apenas ícones de microfones desligados e as iniciais dos alunos. Certamente, o cenário era pouco favorável e não permitiu muitos ensaios. No entanto, a experiência serve como base para se pensar nas práticas educacionais de agora em diante, construindo estratégias de correção das intempéries, tendo em vista o melhor uso dos dispositivos para o educar do futuro.

A educação individualizada, derivada daquela à distância, precisa suplantar a noção de que um currículo pré-formatado deve ser imposto a uma massa heterogênea de alunos. Cada um deve estudar o que tiver vontade, aprofundar-se no tema que desejar e ir tão fundo quanto quiser. Está cada vez mais evidente que ninguém ensina ninguém. E que pessoas só aprendem o que querem. A assimilação do conhecimento é uma porta que só abre por dentro.

É chegado o momento de construirmos uma educação que valorize e impulsione os criativos, levando-os à ação. O papel do professor deve ser o de mediador entre o aluno e os saberes aos quais ele ainda não acessou; a partir disso, o estudante é quem constrói o próprio caminho de aprendizado, com autonomia e criticidade, tendo à disposição, hoje, um arsenal gigantesco de saberes acumulados ao longo de toda a história da humanidade.

> *Hoje, a escola leva em conta o que pode ser medido, em vez de medir o que deve ser levado em conta, que é a imaginação. Não tem jeito, e por isso vai destruindo o sonho e a criatividade.*

A teorização sob a perspectiva da educação e da atuação pedagógica voltada para o trabalho, visando a indivíduos mais autônomos, criativos e críticos, vem sendo feita desde o século XVII, mas enfrenta resistência por aqueles que têm o poder de colocá-la em prática.

Tudo isso contrasta com os dados apresentados no Capítulo 1 em relação ao futuro do trabalho para os próximos anos. Enquanto a educação básica permanece pautada no tecnicismo como método para formação de mão de obra, a sociedade e a economia que sucederão a Quarta Revolução Industrial precisam de pessoas que andem na contramão desse modelo.

Em um cenário de mudanças profundas nas relações de trabalho, mais do que um profissional multidisciplinar e afinado com as particularidades socioeducacionais, pedagogos, pesquisadores na área da educação e os formuladores de políticas públicas devem ser profissionais holísticos, capazes de integrar as ciências da educação e os aspectos sociais da formação humana como um todo.

Essas características nos levam a prever que, em breve, mais que generalistas ou especialistas, o mundo vai buscar nexialistas para liderar essa enorme revolução pela qual estamos todos passando. Nexialista é aquele profissional capaz de integrar de maneira sinérgica, complementar e sequencial as várias disciplinas que compõem o conhecimento humano, de modo que as coisas e atividades façam nexo entre si. Trataremos mais profundamente desse tema em nossa próxima obra: *Nexialista — A Profissão do Futuro*.

Ao nos voltarmos para o mercado e nos depararmos com discursos que ofertam "mapas para que você chegue lá", vemos, do outro lado, um público ávido pelo autodesenvolvimento; contudo, ele encontra em tais materiais um conteúdo que pouco provoca seu desenvolvimento crítico, sempre reproduzindo o senso comum.

A respeito de obras que se propõem a dar respostas como se o mundo fosse algo "pronto", definitivo, sobre o qual não podemos interferir, o filósofo Mikhail Bakhtin disserta que essa premissa torna ignóbil nossa relação com a obra — e, consequentemente, tira a autonomia do indivíduo, deixando-o passivo perante si e o mundo —, e diz:

> *"É nesse sentido que o homem tem uma necessidade estética absoluta do outro, da sua visão e da sua memória; memória que o junta e o unifica e que é a única capaz de lhe proporcionar um acabamento externo. Nossa individualidade não teria existência se o outro não a criasse. A memória estética é produtiva: ela gera o homem exterior pela primeira vez num novo plano da existência."*

Para isso, é necessário dar voz aos participantes das atividades propostas, conduzindo a formação dos alunos de modo que lhes ofereça pontos de observação distintos e valide as suas vozes, viabilizando a criação de uma rede de conexões, fundamental para as relações sociais e de trabalho. Essa conduta abre espaço para que os alunos manifestem suas respostas mais imaginativas e os torna mais propensos a contribuir para seu meio.

OS CAMINHOS DA EDUCAÇÃO

A relação entre criatividade e inteligência é explorada em diferentes áreas do conhecimento, dada a importância da imaginação criadora para o progresso humano. A educação deve se debruçar sobre o modo como a capacidade criadora se estabelece, bem como de que maneira ela pode ser estimulada. Afinal, incitar a criatividade na relação de ensino e aprendizagem exige compreender de que forma a imaginação criadora se manifesta como um fenômeno da inteligência.

Algumas iniciativas no sentido de recriar um modelo educacional que priorize os talentos exigidos para a era da inteligência artificial têm sido postas em prática ao redor do mundo.

O Shikshantar — The Peoples' Institute for Re-thinking Education and Development [O Instituto do Povo Para Repensar Educação e Desenvolvimento, em tradução livre] —, na Índia, se dedica a repensar e criar modelos educativos, pautados na imaginação e na criatividade. O cientista e pesquisador Manish Jain, patrono da instituição, afirma que o sistema educacional vigente desumaniza as crianças enquanto reproduz um arquétipo industrial.

Por essa razão, o norte global é tão colonizado pela mentalidade tecnicista quanto o sul, já que os países mais desenvolvidos costumam estar presos à economia industrial e à mentalidade de escassez. Daí deriva o sentimento de competição, e não de colaboração, suprimindo a construção de soluções coletivas e mais abrangentes. Segundo Jain, as escolas insistem em dizer que alguns idiomas têm mais valor, que determinados povos têm mais a contribuir para o mundo que outros e, sobretudo, que habilidades especializadas são as mais importantes para o progresso da humanidade.

No entanto, por mais capacitado que um especialista seja, ele poderá ser substituído por outra pessoa, que, com o treinamento adequado, poderá atingir a mesma habilidade técnica. Já um indivíduo inventivo e solucionador de problemas cuja ferramenta basilar é a imaginação dificilmente poderá ter seu lugar ocupado por outro. Afinal, são as singularidades de cada um que os levam a respostas e soluções inovadoras.

A cultura da especialização contrasta com o que indicam os principais órgãos globais. Tendo passado por instituições como Agência dos Estados Unidos para o Desenvolvimento Internacional (USAID), Programa das Nações Unidas para o Desenvolvimento (PNUD), UNESCO, UNICEF e pelo Banco Mundial, Jain defende que a imaginação está ligada a uma sensação de abundância, em contraste com a mentalidade de escassez que rege a economia e educação tradicionais.

A tendência regida pela economia da inteligência artificial é a de que se opere um regime de abundância infinita, afinal, o mundo digital, a tecnologia e o metaverso trouxeram de volta a ilimitude. E essa é uma razão para você, adulto, não só se preocupar com uma educação mais emancipadora como também continuar agindo e se sentindo como um guri.

Manish Jain usa um exemplo simples para ilustrar como problemas complexos podem ser solucionados de maneiras criativas, a baixo custo. Diariamente, diferentes tipos de cascas e talos de alimentos são jogados fora, e essas são as partes mais nutritivas das frutas e legumes. Por outro lado, a Índia enfrenta o brutal cenário de má alimentação: em 2020, 59% das crianças com mais de 5 anos e 53% das mulheres estavam anêmicas no país, o que afeta mesmo aqueles que têm acesso à comida.

Uma das propostas do Shikshantar Institute é estimular a imaginação das pessoas para que façam uso das cascas em suas receitas cotidianas e se beneficiem do potencial nutritivo desses alimentos. Esse é um exemplo simples de como começar a explorar a imaginação em todos os aspectos de suas vidas diárias, algo que mesmo a tecnologia mais sofisticada não seria capaz de alcançar ou resolver. Ainda, é uma proposta que põe as instituições de ensino e a sociedade em diálogo direto.

A construção de programas de aprendizagem, cocriados com base nas necessidades mais subjetivas dos educandos e na conexão com a comunidade e suas demandas objetivas e mais urgentes, é uma proposta viável.

São necessários, pelo menos, três elementos para criar as condições para que imaginação emerja e o conhecimento seja elaborado a partir dela:

- **Contexto:** a atuação da escola não deve ser endógena, e, sim, considerar a cultura local e global, bem como perspectivas multigeracionais, e ter em vista as tendências tecnológicas.

- **Mentalidade:** a cultura da escolarização promove a competição quando as transformações socioeconômicas fazem com que o mercado e as comunidades demandem cada vez mais colaboração.

- **Diversidade:** o autor Matthew Syed a chama de "inteligência coletiva" e parte do princípio de que agregar pontos de vista diversos cria uma vasta gama de soluções criativas derivadas justamente da eventual divergência.

Para a construção de um planejamento didático — e, posteriormente, de um projeto e sua aplicação — visando a emancipação dos alunos como sujeitos sociais, é fundamental que esse projeto seja, primeiramente, dialógico, perpassando por um verdadeiro olhar antropológico daqueles a que se destina. Parte-se do pressuposto de que planejar é um ato investigativo, uma projeção que deve envolver todos os setores, escolares e não escolares, em uma macrorrealização.

Reforço a ideia da construção coletiva na elaboração do planejamento para que essa construção de saberes seja efetiva. Considerando todo o sistema educacional e a estrutura dada pelo Estado, mais do que de diretrizes, professores e instituições escolares precisam compreender seu papel social, político e histórico, podendo assim, inclusive, superar eventuais precariedades em sua formação profissional e estando ainda mais aptos para dialogar com os alunos, superando o modelo de educação bancária que ainda é predominante, cuja intenção é a de formar indivíduos resignados, não questionadores e, sim, submissos.

Defino aqui *educação* como a transmissão e manutenção de saberes técnicos e éticos, com a projeção e a prospecção da aquisição de tais competências em outrem. Com isso, a primeira reflexão a ser feita é sobre quais seriam seus fundamentos e pressupostos para a sistematização do educar, suas ferramentas e estratégias para o fazer pedagógico tendo em vista as mudanças de paradigma da sociedade atual.

O processo ideal é o de tomar consciência, analisar, problematizar as escolhas e processos educacionais com base nos objetivos desses e nas pessoas que estão envolvidas.

Vale contextualizar que a educação formal se instaurou no Brasil colonial com a chegada dos jesuítas e da Companhia de Jesus, e sua ação principal era ensinar língua e costumes europeus para catequizar os indígenas; surgiu daí o primeiro colégio em terras brasileiras. Com isso, as bases educacionais do país sempre tiveram fortes raízes conservadoras e tecnicistas.

O esquema organizacional taylorista — que cronometra e estipula prazos apertados para a realização de tarefas — ainda é utilizado no âmbito da educação formal. Para romper com esse modelo é necessário correlacionar subjetividade e objetividade, reflexão e ação de forma dialética, buscando uma educação dialógica, fundamentando-se na colaboração, organização e multiculturalismo.

A construção dessa pedagogia horizontal pelos homens, e não para eles, na qual todos estão engajados e igualmente representados, é posta em prática relacionando o *ambiente* e o repertório dos alunos. Nesse sentido, é preciso se destituir do conceito de "tábula rasa", que inferioriza o educando — independentemente da sua idade e área de formação —, colocando-o na posição de mero receptor de conteúdos, e democratizar o acesso à educação, viabilizando a construção de saberes e métodos dialógicos.

Portanto, levanto o seguinte questionamento: se o professor fornece aos educandos o saber pronto, sob um modelo previamente formatado, como eles terão autonomia para produzir saberes? É preciso que aprendam a construir seu conhecimento, que investiguem, pesquisem, imaginem.

Essa reconstrução da educação só é possível por meio do coletivo. O diálogo serve para que as pessoas tragam informações, pois estão em constante desenvolvimento intelectual e social. Tanto o professor quanto o aluno são mediatizados pelo mundo e, a partir da dialogicidade, temos a superação dessa educação bancária. Porém, isso exige verdadeiro comprometimento com o desejo de ultrapassar os modelos historicamente impostos de uma educação formatada, utilitarista e subserviente.

O acesso às informações através das mídias é outra tecnologia do conhecimento cada vez mais rotineira. Temos a nosso alcance vários dispositivos tecnológicos, que hoje estão inseridos nas salas de aula, tornando-se um desafio para professores.

Em uma sociedade com desigualdade social como a em que vivemos, a escola, em alguns casos, torna-se a única fonte de acesso às informações e aos recursos tecnológicos das crianças e famílias em situação de fragilidade econômica. Nesses casos, ela tem a função de facilitar o acesso da comunidade a essas tecnologias.

O uso das mídias na educação implica novas formas de comunicar, pensar, ensinar e aprender. Elas devem ser utilizadas como um recurso para auxiliar os educadores na integração dos conteúdos, gerando um leque de oportunidades que deve ser explorado pelos alunos e professores.

A incorporação das tecnologias de informação e comunicação no ambiente escolar deve ajudar ambos a transformar a escola em um espaço igualitário, promotor de ações educativas que ultrapassem os limites da sala de aula, levando o aluno a um mundo além dos muros do colégio, respeitando sempre o pensamento e ideias do outro. O educador, por sua vez, deve ser capaz de reconhecer os diferentes modos de pensar e as curiosidades do aluno, sem reprimi-lo.

Nesse processo, o professor passa a assumir um novo papel no processo educacional e torna-se mediador e orientador na aprendizagem interposta pelas novas tecnologias, pois é seu papel criar possibilidades de ensinar e aprender.

O educador não deve atuar como mero propagador de informações, dado que aluno e professor são parceiros na relação ensino-aprendizagem: no cenário ideal, ele planeja a aula de acordo com as necessidades intrínsecas dos estudantes, e estes contribuem com suas bagagens de conhecimento e aquilo que desejam aprender.

O processo de ensino-aprendizagem comprometido com a formação global do indivíduo deve envolver uma análise crítica das informações disponíveis, a fim de transformá-las em conhecimento. Tendo em vista as tecnologias de informação e comunicação da Terceira Era em que vivemos, a educação deve levantar questionamentos, analisar as narrativas, conectar ideias, levar o aluno a fazer relações e elaborações pessoais sobre a sua visão da realidade, contribuindo para estimular a criticidade. Desse modo, quando o professor provoca a curiosidade para a busca do conhecimento através da tecnologia, é possível formar sujeitos críticos, questionadores, espontâneos e solidários para um aprendizado coletivo e com vistas para o futuro.

Percorrendo a problemática do sistema educacional estabelecido no Brasil e suas diversas questões sócio-históricas, emerge a necessidade de superar os dogmas que permanecem arraigados na tradição escolar.

Com isso, a coerência na escolha da abordagem, metodologia, materiais e recursos utilizados nas aulas e atividades e, sobretudo, a mediação realizada pelo professor nesse contato são elementos-chave para viabilizar a educação para a autonomia, pois, sem prática efetiva, o ambiente escolar é infértil.

Os projetos influenciam a forma de trabalhar, na prática, a alfabetização e o letramento, a condução do aluno ao aprender. Propor atividades reflexivas, instigantes em todo o processo e lançar mão da leitura e da posterior produção de diferentes textos são tarefas imprescindíveis para a formação de crianças letradas. No entanto, é importante que, na escola, esses contextos levem em consideração os usos e funções do gênero em questão. É preciso ler e produzir textos diferentes para atender a finalidades diferenciadas, de modo que superemos a leitura e a escrita na escola que têm como fim apenas a alfabetização.

Por outro lado, um trabalho sistemático de reflexão sobre o sistema de escrita alfabético não pode ser feito apenas através da leitura e da produção de textos. É preciso o desenvolvimento de um ensino no nível da palavra, que leve o aluno a perceber o que a escrita representa — não apenas seu significado prático através da relação fonema/grafema, mas também sua representação simbólica. Se um aluno olha para um "x" e é remetido somente a um som chiado, ele terá dificuldades para desenvolver noções algébricas e aritméticas, por exemplo.

Esse é um desafio essencial a ser enfrentado. O levantamento *"Leitores do século 21: Desenvolvendo habilidades de alfabetização em um mundo digital"*, feito pela Organização para Cooperação e Desenvolvimento Econômico (OCDE) em 2021, apontou que 67% dos jovens brasileiros na faixa dos 15 anos não conseguem diferenciar fatos de opiniões. Esse é um dado alarmante, considerando que a média nos outros países analisados é de 53%, índice também preocupante diante da ascensão das redes sociais e seu poder algorítmico.

Experiências como a de Manish Jain e do Shikshantar Institute nos mostram que é possível abrir mão das técnicas limitadoras e aderir a uma educação que potencialize a imaginação e a criatividade dos guris, de modo a viabilizar a verdadeira inovação, com vistas à modernidade. Sobretudo, é imperativo repensar as escolas. Como indicam os dados da OCDE, as práticas educativas vigentes também são um prato cheio para a disseminação de desinformação entre indivíduos que são alfabetizados, frequentam a escola, mas não são adequadamente letrados.

SOLUÇÕES FORA DA CAIXA QUE SÓ OS GURIS PODEM PROPOR

Há muito tempo percebi que devemos aprender com as crianças. A imaginação não se manifesta nelas do mesmo modo que nos adultos. A partir da relação entre criatividade e inteligência, ela surge e opera de modos específicos, de acordo com cada etapa desenvolvimento.

Graças à imaginação muito mais fértil do que a dos adultos, uma criança é capaz de criar de maneira livre, sem preconceitos e sem cabrestos. E trabalhando com publicidade por quarenta anos, sempre me perguntei como seria possível promover essa capacidade de pensamento tão livre na área criativa das agências.

Como presidente da Grey Advertising, resolvi testar até que ponto crianças poderiam colaborar no processo criativo de marketing ou publicidade. Então, pedi a colaboração dos funcionários para que identificassem crianças fora de série, criativos, que eles conheciam na própria família, filhos de amigos, enfim, crianças próximas que manifestassem essa vivacidade e excitação pelo novo.

Assim, criei um *junior board* composto de doze crianças, na grande maioria selecionadas pelos próprios funcionários da empresa. Então, o briefing era repassado para a equipe criar uma campanha para o cliente e, em paralelo a isso, o *junior board* recebia o mesmo briefing para criar. Eles se reuniam como um board, tinham pautas e criavam coletivamente, em colaboração.

O processo criativo das crianças incluía não apenas pensar em um slogan, mas também na concepção de produtos. Um dos projetos propostos era o de uma grande construtora e incorporadora de São Paulo, e parte da reflexão consistia em responder: "O que deveria ter em um prédio de apartamentos?" As respostas dos adultos, é claro, não costumam variar muito, indo de "ter churrasqueira na varanda" a "garagem para dois carros", e desconsideram boas ideias, porque elas seriam caras demais ou exigiriam esforços desproporcionais de engenharia. Ou seja, a gente tende a replicar o que já conhece, graças às nossas limitações. Já os guris retrucam: "Por que a gente não faz um prédio em formato de foguete?"; "Em vez de escada, por que a gente não coloca um escorregador?".

Ainda que não seja possível substituir as escadas por escorregadores, esse insight pode conduzir a uma reflexão sobre novas formas de acessibilidade. Ou por que não fazer um pequeno escorregador ao lado da escada que leva do hall do prédio à calçada para que as crianças desçam ao lado dos adultos? Essas são propostas nas quais um adulto não pensaria por si mesmo. Assim, em meio a fantasia, surge a inovação.

Uma solução prática surgiu entre esses insights, quando as crianças foram questionadas sobre o porquê de não costumarem usar o playground: "Porque lá não tem Wi-Fi." Um adulto tenderia a pensar que Wi-Fi seria dispensável se as crianças vão ao playground para brincar de outras coisas. Só que, hoje, elas costumam ter smartphone, tablet, e Wi-Fi no playground, o que lhes permite botar uma música para tocar enquanto dançam, reproduzir vídeos para verem com os amigos e até mesmo se comunicarem com os pais sem precisarem subir ao apartamento para dar satisfações vez ou outra. Outra sugestão é que um tipo especial de cobertura das paredes do apartamento permitisse que as crianças desenhassem ou rabiscassem nelas, oferecendo liberdade criativa que depois poderia ser apagada facilmente.

A partir dos devaneios e divagações criativas das crianças, obtemos insights fabulosos, que podem se materializar de acordo com os critérios de custo, segurança e capacidade de engenharia. A execução não pode servir de freio para a imaginação.

> *"Todos nós nascemos originais*
> *e morremos cópia."*
>
> — *Carl Gustav Jung*

Como foi dito, durante o nosso desenvolvimento ao longo da infância e na transição para a vida adulta, se estabelecem limites que atuam como cabrestos. A experiência com o *junior board* foi extremamente salutar porque, quando um adulto é desafiado a "pensar fora da caixa", cognitivamente é como lhe dizer "Não pense em um elefante rosa" — é exatamente isso que ele fará. A criança, no entanto, ainda nem conhece a caixa — e tem a mente ainda livre para voar. E isso é notável não só no mundo publicitário.

Para reverter o cenário de agravamento social gerado pela disrupção do mercado, pelo avanço da tecnologia e pela crise da imaginação, apostar nos jovens é fundamental. Os membros da Geração Z são nativos digitais, capazes de trabalhar coletivamente, valorizam o trabalho com propósito — tendo em mente *seres* humanos, em contraste com o modelo defasado dos meros *fazeres* — e, sobretudo, ainda detêm a capacidade criativa para sonhar e propor soluções imaginativas e inovadoras.

Um levantamento do Unicef aponta que um em cada quatro adolescentes e jovens não estuda nem trabalha no Brasil, e que os índices de evasão escolar no ensino médio, que já eram altos, se agravaram durante a pandemia da Covid-19. Esse *gap* demonstra um desperdício de potencial imenso, a ser resolvido pelo poder público e iniciativas privadas mediante a criação de oportunidades que abarquem e canalizem talentos.

Patrick Pereira, membro do Conselho Jovem do Unicef, defende que:

> *"Investir na juventude não é apenas investir no futuro, mas também trazer novas visões criativas e rebeldes que são naturais das juventudes. Aliadas à experiência de grandes empresas com anos de atuação no Brasil, podem transformar a relação dessas empresas com a sociedade brasileira."*

A Organização Internacional do Trabalho aponta nessa direção, propondo a criação de programas por meio dos quais adolescentes e jovens possam participar ativamente, a fim de valorizar, e não suprimir, a imaginação. Desse modo, as organizações poderão se beneficiar da imaginação dos guris e disseminá-la em diversos setores, criando um ambiente dinâmico para o longo prazo.

Não teremos pessoas imaginativas e preparadas para o futuro se continuarmos com as premissas de desvalorização e opressão dos guris. Então, daqui para a frente, as escolas deverão preparar os alunos para a vida, e não somente para o trabalho. Afinal, da linha de produção, os robôs já tomaram conta.

O mundo digital está criando uma dicotomia. Ao mesmo tempo que liberta a nossa imaginação potencial, ele também está tomando de assalto a nossa mente. Hoje, não conseguimos mais estar alheios aos impulsos, avisos, alertas que sequestram o nosso cérebro. O ato de imaginar é um ato de abstração, de divagação, interrompido constantemente pelos smartphones, bem como por estímulos sonoros e visuais cada vez mais intensos. Por essa razão, a imaginação solta, ilimitada, dos guris é tão fundamental, e não pode correr o risco de ser extinta.

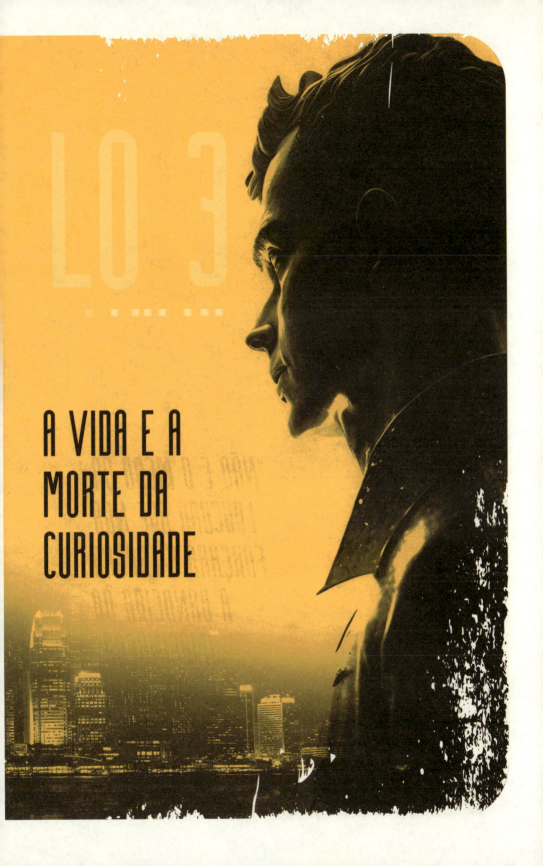

"NÃO É O MEDO DA LOUCURA QUE NOS FORÇARÁ A LARGAR A BANDEIRA DA IMAGINAÇÃO."

— ANDRÉ BRETON

Em 2016, contas anônimas em fóruns online começaram a expandir seu alcance e ficar famosas por, supostamente, terem informações privilegiadas a respeito da política norte-americana.

Usuários como "CIA anon" e "FBI anon" (*anon*, no caso, significa "anônimo", como é de praxe nesses tipos de canais de comunicação) afirmavam ser funcionários do alto escalão dos órgãos de inteligência dos Estados Unidos, em uma espécie de *role play game* (jogo de interpretação no qual os participantes assumem papéis e constroem narrativas de modo compartilhado) virtual.

Tais usuários compartilhavam informações internas, que diziam ser sigilosas, seduzindo o público dos fóruns por meio de "iscas" narrativas que atiçavam a curiosidade. Com o subterfúgio do anonimato, eles podiam alegar basicamente o que quisessem; restava ao leitor acreditar ou não no que diziam.

Em 28 de abril de 2017, aparece pela primeira vez o "Q clearance patriot" em uma postagem que citava um tuíte do então presidente dos Estados Unidos, Donald Trump, pressagiando uma "tempestade" que estaria por vir. O nome do usuário fazia referência ao nível mais alto de permissão para acessar arquivos secretos do Departamento de Energia dos Estados Unidos — em tese, o Q *clearance* teria acesso aos documentos ultrassecretos do governo norte-americano.

A partir disso, o "Q clearance patriot" passou a publicar de maneira recorrente no fórum online, soltando pistas sobre qual seria a tal "tempestade" que viria em breve. Um cidadão local podia acordar, tomar café da manhã, ligar o computador ou pegar seu smartphone e, em poucos cliques, ficar por dentro dos segredos mais intrincados da própria nação, o país mais poderoso do mundo.

Os demais participantes do fórum, seduzidos pela hipótese de um funcionário do alto escalão do governo estar soltando informações sigilosas para o público geral, engajaram-se em uma espécie de desafio para decifrar as pistas do que os esperaria enquanto nação.

O suposto funcionário do governo, agora chamado apenas de "Q anon", passou a ter um ecossistema de pessoas envolvidas, no mundo real, em unir as informações provenientes das publicações, compondo um *alternative reality game* cujo mote era o centro do poder do mundo ocidental.

É importante lembrar que os fóruns permitem anonimato total e, portanto, quem publicava as pistas (chamadas de "migalhas") não necessariamente era sempre a mesma pessoa. Poderiam existir diferentes "Q anon" por trás do pseudônimo, compondo uma narrativa cujo fio condutor era direcionado de acordo com a resposta do público.

Segundo a mitologia que permeia esse *alternative reality game* ao redor do Q anon, vivemos em um mundo controlado por investidores, banqueiros, lobistas e grupos políticos que estruturam um grupo secreto do poder mundial. Eles usariam seu networking global para traficar crianças, fazer rituais macabros e influenciar a economia e as relações internacionais, com o aval das famílias mais tradicionais dos EUA.

O fator mais atraente do ecossistema criado é que ele permeia fatos que realmente são calcados na realidade (como os casos de abuso sexual ocorridos em Hollywood, que vieram à tona na década de 2010) e, a partir deles, cria fatos alternativos.

Nessa dinâmica interativa, os cenários mais bem aceitos, ou aqueles considerados mais críveis pelo público, eram tomados como sendo a verdade. Parte dos cidadãos norte-americanos, de repente, estava criando uma realidade alternativa, cuja interface deixava de ser os fóruns e passava a permear o mundo real.

Para Friedrich Nietzsche, o desejo pode ser definido como "vontade de potência". Na medida em que a nossa existência é plena, desejar o que está fora dessa realidade equivaleria a cometer uma injustiça contra a própria existência. Mas, em uma década na qual o mundo ainda se recuperava da crise econômica, e em que começava a se delimitar uma polarização de nível global, imaginar uma realidade na qual fosse possível expor crimes de pessoas influentes e interferir no rumo da história parecia muito atraente para a sociedade, que se via inerte diante de acontecimentos que acabavam por interferir nos seus empregos, segurança, renda e bem-estar.

Nesse sentido, a curiosidade (de decifrar um quebra-cabeças cujas peças são homens milionários, partidos políticos e instituições internacionais) e o desejo (de se tornar parte de algo maior, mas exclusivo, do qual fazem parte somente os membros do ecossistema criado no fórum pelo usuário anônimo) fazem com que o mundo real fique cada vez mais difuso, e uma nova realidade vai sendo construída, instigada pelo desejo de redesenhar o mundo em que vivemos.

No entanto, essa curiosidade é uma faca de dois gumes. O livre acesso à internet resulta em um fenômeno que expõe o paradoxo das redes: ao mesmo tempo que põe uma infinidade de informações na palma da nossa mão de maneira imediata, a internet pode alienar as pessoas, pois elas se isolam em "bolhas".

Ou seja, o mesmo fator que motiva os indivíduos a decifrar pistas, buscar informações sobre o conteúdo que lhes é apresentado, faz com que eles se fechem em redes endógenas que se alimentam apenas da informação que transita entre os pares.

Essas interações, motivadas pelas relações de confiança que se consolidam entre os membros do grupo, vão minando a curiosidade (o ingrediente inicial para a criação dessas redes). O resultado é um grupo de pessoas que apenas consomem a informação, sem imaginar que a realidade possa ser diferente do que está posto. Esse é o mecanismo da proliferação da desinformação, e o ideário do Q anon o exemplifica muito bem.

Os grafos de interações feitos por analistas de dados expõem essa estrutura. Ao mapear a repercussão de um determinado assunto nas redes sociais, por exemplo, é possível visualizar a formação de clusters de afinidade nos quais o tema repercute entre os membros que os compõem.

Em redes muito endógenas, a imagem formada no grafo é quase literalmente a de uma bolha, fechada em si mesma. Já nos grupos mais diversos, o tema reverbera para fora dos clusters, atinge membros de outros círculos — o que estimula a curiosidade em atores que, de outra forma, talvez nem tivessem contato com o assunto em questão.

Um dos elementos mais importantes das redes são os chamados conectores, ou seja, as pessoas com a habilidade de se relacionar com membros de grupos distintos e transitar entre eles. Atuam em links críticos entre os clusters e podem conectá-los a determinados temas por meio de suas interações. Ser capaz disso lhes permite propagar informações, mas também influenciar tais grupos, como uma espécie de referencial. As redes sociais e plataformas digitais como um todo servem como interface para que essas relações se estabeleçam em grande escala e em uma velocidade muito mais acelerada do que no mundo físico.

As tecnologias digitais e as mídias sociais nos tornaram eficientes para formar redes de tal forma que a "teoria dos seis graus de separação" de Milgram, que era considerada um mito, está se tornando mais factível a cada dia. Segundo ela, estamos separados de qualquer pessoa do mundo por, no máximo, seis conexões. O mundo está se tornando mais difuso, graças a essas inter-relações intrincadas das redes com o ambiente externo, impactando nosso comportamento, cultura e regras sociais. Somos moldados pelas redes, ao passo que elas são moldadas por nós.

A figura a seguir ilustra, de maneira mais técnica, como se dão essas interações no âmbito das redes sociais.

Por essas razões, afirmo que a internet é o melhor dos mundos para os curiosos, mas também para os descuriosos. Ela nos incentiva a buscar conhecimentos até então inacessíveis a fim de aprendermos o que quisermos e, se formos curiosos, a partir disso, podemos *interpretar o mundo e elaborar novos conhecimentos*.

No entanto, também ficamos acomodados com essa facilidade, já que ela nos liberta da obrigação de transpor as fronteiras entre o clique na informação ou notícia e a elaboração de um pensamento crítico, analítico ou reflexivo que transforme os dados em conhecimento. Se não houver esse ímpeto, ficaremos fechados em caixas da ressonância que ecoam apenas o que queremos ouvir, da maneira que desejamos interpretar.

As pessoas são levadas a acreditar em teorias conspiratórias por diferentes razões. Entre elas estão a busca por respostas simples para questões complexas; o desejo de pertencer a um grupo de afinidade; a sensação de ser protagonista da própria realidade ou de deter informações que os demais não têm. Viver assim, de maneira gregária, por mais que pareça uma forma de vida bastante criativa, não passa de uma terceirização da imaginação.

Pense na experiência de escolher um filme. Você se senta no sofá, liga a televisão e seleciona seu serviço de *streaming* favorito. Então, depara-se com tantas opções que chega a ficar confuso e não consegue escolher a qual filme assistir. Se reparar bem, apesar da quantidade, nenhum deles se destaca; ao contrário, todas as produções parecem iguais — e, de certa forma, são.

Segundo Alexandre Nascimento, pesquisador da Singularity University, a produção de conteúdo audiovisual exige cada vez menos trabalho humano, e o mesmo vale para o processo de escolha do filme a que assistir. Ao mesmo tempo que a inteligência artificial coleta dados para mapear os gostos dos usuários, neste caso, os espectadores, ela fornece dados para a criação de conteúdos sob medida e, posteriormente, indica-os para você. Perante tantas opções que não necessariamente atendem aos seus desejos, mas servem para preencher o vazio do tédio, você aceita a indicação de um dos filmes ranqueados, terceirizando até mesmo esse processo de escolha.

Há pessoas que foram, aparentemente, tão curiosas a ponto de dissipar a linha tênue entre o real e o virtual, acreditando em uma realidade alternativa, como se estivessem morando dentro de um game. Para Nietzsche: "Inventar fábulas sobre um 'outro' mundo diferente deste não tem sentido, a não ser que domine em nós um instinto de calúnia, de depreciação, de receio: neste caso, nos vingamos da vida com a fantasmagoria de 'outra' vida, distinta e melhor do que esta."

O paradoxo da abundância da criatividade é que ela mobilizou as pessoas para um universo de imaginação tão expandido que, hoje, elas têm dificuldades para sair dele. Passando pelo *alternative reality game* que ultrapassa a barreira da internet e repercute no mundo físico até a escolha de um produto de entretenimento, vivemos em uma crise de imaginação. Em resumo, parodiando Eduardo Giannetti da Fonseca:

> *A curiosidade está para a imaginação*
> *assim como a libido está para o sexo.*
> *Sem libido, não existe o sexo. E sem curiosidade,*
> *você não terá imaginação.*

O PARADOXO DA CRISE

Na infância, nossas habilidades imaginativas são desenvolvidas (como ficou explícito no Capítulo 2), e só depois disso surge o pensamento analítico, a tomada de perspectiva, a construção de identidade, a autoconsciência e a consciência cultural. Ao longo dessa etapa, que é um grande *role play game* no qual as crianças performam diferentes papéis de acordo com o próprio repertório, ocorre uma manipulação lúdica de ideias e emoções, imprescindível para o desenvolvimento social e emocional. Em paralelo, vários processos cognitivos se combinam, como pensamento divergente, insights, resolução de conflitos, criação de narrativas e expressões afetivas.

A criatividade é uma forma de processar informações. Ela pode ser:

- Emocional ou espontânea: experiência espontânea de insight, capaz de solucionar um problema.
- Cognitiva ou deliberada: depois de muita persistência e trabalho árduo, chega-se a uma resposta ou solução.

Independentemente de um insight criativo ser espontâneo ou deliberado, o cérebro sempre se vale do conhecimento embarcado em nosso banco de memória emocional e cognitiva para gerá-los. De acordo com a Dra. Wendy Suzuki, neurocientista, os processos que viabilizam o pensamento criativo possibilitam que a ansiedade gerada pelo tédio se transforme em uma força motriz:

- A flexibilidade cognitiva nos permite reformular uma situação e abrandar nossa resposta fisiológica ao estresse.
- A capacidade de assumirmos o ponto de vista de outra pessoa nos permite encontrar outra maneira de identificar nossa resposta à ameaça.
- A atenção concentrada nos permite aumentar nossa compreensão da ansiedade e focar nossas respostas biológicas para contê-la.

De acordo com Scott Kaufman, um líder de pensamento na área da criatividade humana, tanto o brincar coletivo quanto o individual, em que as crianças usam brinquedos para elaborar narrativas ou personagens, viabilizam o desenvolvimento de habilidades sociais por meio da representação de múltiplos pontos de vista e, em consequência disso, capacidades de autorregulação emocional, civilidade e empatia.

Posteriormente, a instrumentalização deliberada da criatividade caracteriza um refinamento da organização do pensamento. Por exemplo, na medida que a encenação permite às crianças desenvolver mais empatia e compreender expressões diferentes das próprias, essa mesma compreensão gera uma sensação de pertencimento e as ajuda a discernir quais de suas ideias podem ser consideradas originais e úteis para outros fins.

Ainda, a empatia típica dos guris no faz de conta pode engajá-los na resolução de conflitos e na convivência pacífica com a diversidade, o que é diametralmente oposto à ideia de fazer parte de um grupo social gregário cujo elo são as teorias conspiratórias criadas pela imaginação alheia. A solução para o tribalismo presente na vida adulta passa pela canalização desse ímpeto criativo de maneira deliberada, por meio do que a psicologia e a ciência cognitiva chamam de imaginação socioemocional, conforme descrevo no Capítulo 1.

A imaginação socioemocional é a capacidade de conceber múltiplas perspectivas cognitivas e afetivas e refletir habilmente sobre cada uma delas, de acordo com os contextos. Configura-se de várias habilidades imaginativas específicas, incluindo tomada de perspectiva, construção de identidade, autoconsciência e consciência cultural — as quais desenvolvemos quando guris, entre os 3 e 10 anos, aproximadamente.

Ela também está relacionada à construção de significado e, portanto, à reflexão ligada a decisões morais. Cada um desses processos é possibilitado pela imaginação, e as respectivas soluções apenas são encontradas com a instrumentalização da criatividade.

Indivíduos que se envolvem em atividades imaginativas socioemocionais demonstram sua criatividade atuando, por exemplo, na defesa de causas nas quais acreditam ou como líderes em projetos disruptivos. A criatividade de quem mantém a imaginação socioemocional na vida adulta também pode ter manifestações mais sutis, como ser bom ouvinte ou capaz de unir indivíduos de diferentes grupos sociais.

No entanto, a tecnologia nos deixa tão à vontade para pensar, na hora em que precisarmos de algo, ela estará presente, que deixamos de ser criativos até para escolher um filme a que assistir (os algoritmos fazem isso por nós) ou uma roupa para vestir (os influenciadores digitais escolhem por nós).

Tudo isso tem um custo: a perda do valor implícito e discreto da dificuldade. Quanto mais fácil é o acesso a algo, menos você se esforça para obtê-lo e, consequentemente, quanto menor o esforço, menos você o valoriza.

Essa abundância proveniente da era da tecnologia tem se refletido, ainda, em uma onda crescente de assexualidade nas novas gerações. Décadas atrás, havia um prazer proibido em buscar por uma revista de conteúdo adulto e folheá-la às escondidas. Hoje, o acesso à pornografia, a hipersexualização e a exposição ao erótico e ao fetichismo são tão frequentes a ponto de a libido não ser mais tão facilmente estimulada. Por ser abundante, o sexo se tornou banal.

O fenômeno da descuriosidade fez com que tomássemos como certos o acesso à informação, ao sexo, aos relacionamentos, à solidez do tecido social, a ponto de negligenciarmos a imaginação como força motriz da criação e do pensamento crítico.

A tecnologia também nos impede de estar presentes.

O impacto das tecnologias e mídias sociais no nosso modo de viver é aceito quase sem ser questionado, ao passo que a hiperconexão provoca um ensimesmamento inédito. Em paralelo a isso, as redes sociais são imperativas quanto ao nosso modo de nos vestir, nos comportar, colonizando nosso tempo e atenção de modo que perdemos a habilidade de desfrutar de momentos reais sem a interface das mídias.

Quantas vezes você já esteve em um show ou em uma peça teatral e viu pessoas que assistiam à apresentação pela tela do smartphone, enquanto filmavam, perdendo todos os pormenores do espetáculo? Nesse caso, a experiência é mediada pela tela. Futuramente, ao se lembrar do evento, talvez a pessoa não se recorde do momento em que o músico favorito dela se abaixou, em um movimento sutil, para resgatar uma palheta que escorregou no chão ou quando o baterista e o roadie trocaram risos no fundo do palco, porque ela nem terá presenciado esses momentos que são, justamente, o que torna um espetáculo ao vivo tão único. Mas o desejo de registrar o momento para compartilhá-lo nas redes sobrepõe a curiosidade de acompanhar passo a passo o que acontece no palco.

Na medida em que coloniza nossos momentos mais pessoais, a hiperconexão retira um pouco da nossa própria autonomia. Para não ficarmos reféns da FOMO, é preciso reduzir o tempo que passamos nas redes sociais e substituir as telas por experiências físicas, corpóreas, e por atividades variadas — seja leitura, exercícios físicos, prática de um hobby, encontros com os amigos etc. Nem tudo o que é vivido precisa ser compartilhado nas redes sociais. E nem tudo que é compartilhado é real.

Em meio ao paradoxo da abundância, nós é que precisamos ditar o papel que a tecnologia exerce em nossas vidas, cientes da importância de agir conscientemente. Todas as facilidades que um smartphone proporciona muitas vezes se tornam indispensáveis, e é justamente essa a função que o aparelho deve ocupar no cotidiano. Mas é preciso estar atento quando ele se torna uma distração que ocupa cada segundo da nossa mente, impedindo que o ócio e a introspecção cumpram seu papel.

A imaginação intrínseca das crianças é estimulada pela mais injustiçada das sensações: o tédio. A criança é capaz de manter longos períodos de divagação, aprendendo a usar de modo criativo o tempo sem estímulos diretos. Uma vez que os adultos entediados são mais propensos à adicção, eles creem que esse famigerado sentimento deve ser suprimido na criança, que, por sua vez, deve estar sempre ocupada, com uma agenda repleta de atividades extracurriculares, semelhante à de um executivo de alto escalão. No entanto, um desenvolvimento cognitivo saudável remonta à capacidade inata de lidar com o tédio, de canalizar a potência imaginativa ao próprio devir. A autonomia da introspecção viabiliza que o indivíduo transforme um ambiente sem estímulos em espaço de criação.

Quando não há nada para fazer, e a mente fica livre para divagar, o cérebro tem tempo para processar as informações absorvidas, e a criatividade se expressa mais livremente. Os momentos de divagação nos fazem observar o mundo ao redor, talvez até redescobrir prazeres esquecidos e nos reconectar com nossas memórias, pensamentos e interesses, o que nos faz estabelecer conexões mais criativas.

Há outro paradoxo aqui. Enquanto os gurus romantizam a superprodutividade, partindo do pressuposto de que pessoas sobrecarregadas são sinônimo de sucesso, a economia digital exige pessoas mais criativas e inovadoras — características que são potencializadas por momentos de ócio e divagação.

A curiosidade é, sobretudo, uma atitude ativa, e não passiva. Ao ser tão eficiente na entrega da informação, a internet acaba com a matéria-prima básica dela, que é a frustração produtiva que nos impele a avançar. No futuro, a curiosidade será o principal parâmetro de iniquidade entre as pessoas: já não seremos divididos entre brancos ou negros, ricos e pobres, e, sim, entre curiosos e descuriosos. E os curiosos vão dominar o mundo, serão os grandes líderes, enquanto os descuriosos serão massa de manobra.

O fim da curiosidade é
uma ameaça para o tecido social.

Por essas razões, e graças às imensas possibilidades que ela proporciona, a internet está tornando os espertos mais espertos — porque lhes serve como ferramenta para instrumentalizar a curiosidade —, mas também tornando os estúpidos ainda mais estúpidos. Estes estão na internet, exatamente como diria o verbo à moda antiga: navegando, porém, sendo levados pela correnteza, sem terem controle do próprio rumo, até naufragarem em um oceano de fracasso. Afinal, de que adianta a gente ter a Biblioteca de Alexandria no bolso e nada na cabeça?

UMA NOVA VISÃO

Em 2001, o departamento de psicologia da Universidade de Michigan realizou um experimento no qual dois grupos (um do Japão, outro dos Estados Unidos) assistiram a vídeos com imagens subaquáticas. Ao descrever o que viram, os norte-americanos descreveram os peixes, com bastante precisão. Já os japoneses discorreram principalmente sobre o contexto e o ambiente que os circundava, mencionando o que acontecia ao redor, como os mergulhadores apareciam ao fundo, as rochas e algas e a aparência do movimento das águas.

As diferenças culturais entre as duas sociedades explicam a divergência do foco dos sujeitos da pesquisa. Conforme aponta Matthew Syed, no livro *Ideias Rebeldes*, a descoberta de que as pessoas não são todas iguais no que se refere ao modo de perceber o mundo, inclusive do ponto de vista material, escancarou o fato de que, quando pessoas oriundas dos mesmos contextos convivem entre si, existe o que os pesquisadores chamam de *cegueira coletiva*: da mesma forma que os norte-americanos não se ativeram aos mergulhadores que estavam em cena, os japoneses não notaram diferenças relevantes entre os peixes que foram exibidos.

Essa dissonância, observada nas organizações, nas universidades e em outros grupos sociais, pode ser facilmente resolvida com a composição de grupos mais diversos — o que vai de encontro às fórmulas propostas pelos gurus com a finalidade de conceber um caminho único e uma perspectiva padronizada.

Buscamos uma sociedade cada vez mais inclusiva, sem preconceitos de gênero, de cor, de classe. E só a curiosidade dos guris pode nos levar à inclusão. Para eles, ninguém é mais ou melhor do que ninguém. Os guris são a forma do homem rousseauniano, segundo o qual " o homem nasce bom, e a sociedade o corrompe". Eles são inclusivos, democráticos, desprovidos de preconceitos. Da perspectiva da criança, somos iguais em nossas diferenças. Mesmo na relação com os animais, não existe separação entre "nós" e "eles". Na cabeça dela, todos somos seres que compartilham a vida neste planeta.

A questão é que, quando a gente cresce, acaba se colocando no topo de uma Torre de Marfim envolta por nossas crenças e preconceitos. Para escaparmos da cegueira coletiva e construirmos um mundo inclusivo, criativo e diverso não são necessários grandes tratados políticos e sociológicos, basta nos espelharmos no comportamento das crianças e viver como os guris, na Torre de Babel, onde cabe todo mundo.

Essa é a razão de precisarmos voltar a curtir o simples. Atualmente, uma pessoa rica é aquela que tem tempo, que goza do ócio, que brinca e joga com os filhos ou familiares. A nova riqueza não é mais a das grifes, e, sim, a riqueza da simplicidade.

No livro *Isso Não É Brinquedo*, o autor Ilan Brenman conta a história de Lilica, uma criança que ama os pais, mas tem dificuldade para entender as broncas que costumava receber deles durante as brincadeiras.

Quando a menina pega um balde na área de limpeza, a mãe logo lhe diz "Lilica, isso não é brinquedo!"; no entanto, para a menina, o balde era uma cesta mágica. Quando pega um coador na pia, o pai corre, dizendo "Lilica, isso não é brinquedo!", e a garotinha segue confusa com a chamada de atenção, pois, para ela, aquilo servia como um chapéu com furinhos para o cabelo respirar. Ao ganhar uma boneca enorme e deixá-la de lado para se enfiar dentro da caixa — que, para ela, era um espaço amplo e misterioso —, ambos os pais a censuraram, pois a caixa "não é brinquedo".

As crianças vibram com o simples, porque são capazes de sentir e de *ser* humanos, sem atinar apenas para os *teres* humanos. Toda criança também busca deixar sua marca de super-herói, seja na parede do quarto, nos móveis ou nos brinquedos — o seu próprio Bat-Sinal, como Batman deixava no céu de Gotham City. E os adultos precisam voltar a querer ser heróis.

Afinal, já fomos uma civilização de heróis. A mitologia da civilização ocidental é toda calcada em histórias de grandes homens cujo heroísmo tinha manifestações humanas. Hércules, filho de Zeus, tinha força sobre-humana e acumulou grandes feitos, como os famosos Doze Trabalhos. Odisseu lutou bravamente na Guerra de Troia e passou pelas mais variadas aventuras no retorno para Ítaca, incluindo encarar a morte e fazer uma parada no Hades.

Tantos heróis já nos serviram como referência. Hoje, estamos todos acovardados, cumprindo nossos papéis protocolares, sem noção da nossa missão maior no mundo. Mas a criança tem vontade de ser herói, e está claro que as suas habilidades são capazes de nos municiar para reconfigurar nossas vidas pessoais, nossas organizações e, pouco a pouco, nossa sociedade.

O digital está abrindo as portas para um mundo novo, rompendo as barreiras do inimaginável e tornando tangível o que antes parecia impossível. Em suma, o que buscamos, daqui para a frente, é um mundo infantil, que serve como lentes para extinguir a cegueira coletiva. E o que cabe às pessoas é criar e sonhar, e não apenas produzir e realizar.

A pessoa verdadeiramente rica não é aquela que exibe, mas aquela que vivencia.

PARTE 2

HUMANIZAÇÃO TECNOLÓGICA: UMA SIMBIOSE

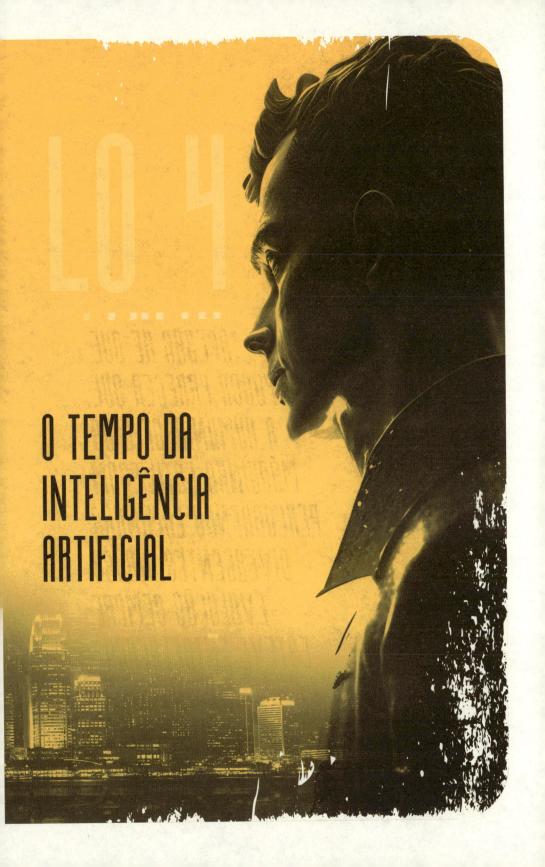
O TEMPO DA INTELIGÊNCIA ARTIFICIAL

"APESAR DE QUE POSSA PARECER QUE A HUMANIDADE E AS MÁQUINAS ESTIVERAM PERCORRENDO CAMINHOS DIVERGENTES, NOSSA EVOLUÇÃO SEMPRE ESTEVE ENTRELAÇADA."

— AMY WEBB

. ...

Canal de Suez é uma das principais rotas comerciais marítimas do mundo. Localizado na Península do Sinai, no Egito, o canal ocupa uma posição estratégica entre a África, a Ásia e a Europa. Diariamente, passam por ele, em média, 50 navios, o que representa entre 12% e 14% do comércio global de insumos e mercadorias, entre elas, o petróleo.

No dia 23 de março de 2021, o gigante navio de contêineres Ever Given, que navegava para Rotterdam, encalhou no Canal de Suez, deixando-o totalmente obstruído, e o escoamento de produtos, impossibilitado. O resultado disso, obviamente, foi um caos marítimo (afinal, como você pode imaginar, manobrar um gigante do mar não é tão simples quanto remover um carro da rodovia ou fazer um retorno em caso de acidente na estrada).

O gargalo de *supply chain* resultante do incidente com o Ever Given se refletiu em portos e armazéns lotados e na alta no preço do barril de petróleo. A Evergreen, empresa dona da embarcação, precisou arcar com uma indenização de US$550 milhões, graças aos prejuízos provocados, segundo a Autoridade do Canal de Suez.

Porém, enquanto os navios de carga permaneciam enfileirados para fazer a travessia entre os oceanos Índico e Atlântico, o que se via nas redes sociais era um clima semelhante ao de uma Copa do Mundo. Durante os sete dias em que o Ever Given ficou preso, a internet foi tomada por *memes*, imagens da embarcação, matérias de portais de notícias e manifestações de gente curiosa diante daquele fato que simbolizava uma crise na cadeia de suprimentos global.

Mas diferentemente das grandes navegações da era dos descobrimentos, entre os séculos XV e XVII, o navio não dispunha somente de bússola, astrolábio, mapas e balestilha. Tinha à disposição equipamentos de GPS e tecnologia meteorológica para que as intempéries climáticas pudessem ser previstas, e as providências necessárias, tomadas. Ainda assim, o que solucionou o considerado um dos dramas do comércio internacional dos últimos anos foi uma técnica bastante primitiva: escavar até a proa ser solta. Outro recurso, ainda mais importante, foi contar com a movimentação das marés e a posição da Lua para colocar a embarcação em movimento de novo. E no dia 29 de março daquele ano, as equipes de resgate conseguiram liberar a embarcação.

O caso foi uma espécie de espetáculo. Durante a semana em que o Ever Given esteve preso no Canal de Suez, um perfil no Twitter foi criado para avisar se "o navio ainda está encalhado" — e mesmo que a postagem diária ao longo da semana fosse sempre a mesma, "sim", o engajamento do perfil era enorme.

O mais peculiar é que pessoas do mundo inteiro se "uniram" nas redes sociais não só para acompanhar as notícias em tempo real, mas também para tentar buscar alternativas (leigas, porém imaginativas) para tirar o navio de lá. Havia quem comparasse a própria situação com a do navio, dizendo "se tá ruim pra você, imagina o clima no escritório da Evergreen", em alusão ao problema causado pela empresa dona do navio; outros sugeriam que os estúdios de cinema trouxessem Godzilla e King Kong para erguer a embarcação. Houve também quem sugerisse que os cientistas se voltassem à biologia para trazer de volta os dinossauros capazes de levantá-la; os mais práticos apenas diziam "chama o guincho"; uma internauta, em tom cômico, tuitou "até o navio vai desencalhar, e eu, não".

Dia a dia, uma sucessão de piadas descortinava um fenômeno. Chegamos a uma época tão fora da curva que, se alguém descrevesse esta cena quinze anos atrás, provavelmente você duvidaria: um navio de carga se tornou uma celebridade nas redes sociais, com sua rotina acompanhada em tempo real, 24 horas por dia, por pessoas que nunca sequer se interessaram por navegação ou comércio internacional de mercadorias. Era um tipo de *reality show* no qual nada muito evidente acontecia durante uma semana.

Por mais distópico que pareça, essa realidade tem sido uma constante para os chamados "nativos digitais", acostumados com a informação disponível o tempo todo, bem como com a possibilidade de comentar e opinar sobre assuntos dos quais não têm o menor domínio.

Um sintoma de tamanha disponibilidade de dados e informações são os que são "especialistas em tudo", mas que não dominam efetivamente assunto nenhum — resultado de carregar uma espécie de Biblioteca de Alexandria no bolso e confundi-la com o conhecimento embarcado no cérebro.

Baseado em anos de descobertas científicas, o livro *A Fábrica de Cretinos Digitais: Os perigos das telas para nossas crianças* aborda como as mídias digitais têm o potencial de nos tornar apáticos e de controlar nossas emoções e desejos, pondo em risco nosso desenvolvimento cerebral, nossas faculdades cognitivas e nossa saúde de maneira integral. A intenção do autor, Michel Desmurget, que é especialista em neurociência cognitiva, é justamente nos confrontar com a tendência à supressão da subjetividade provocada pela transformação digital — a ponto de acompanharmos o dia a dia de uma embarcação encalhada, levados por um frisson iniciado nas redes sociais, sem ao menos refletir se, de fato, temos interesse nisso.

Embora a transformação digital tenha revolucionado o mundo em que vivemos e viabilizado avanços científicos importantes, em um círculo virtuoso, a sociedade foi profundamente impactada. Desmurget ramifica esse impacto em quatro manifestações:

- exposição exagerada às telas;
- consequente negligência de atividades importantes, em contrapartida ao tempo de uso dos dispositivos móveis;
- exposição cada vez mais precoce aos dispositivos tecnológicos;
- conteúdo inadequado ou de má qualidade.

Esses fatores estariam nos tornando acríticos, enquanto somos soterrados por informações, muitas vezes contraditórias, às quais recorremos. O viés de confirmação, por sua vez, reforça nossas convicções mediante o conteúdo com que nos deparamos e vai ao encontro da conveniência proporcionada pelo digital.

Tudo isso reforça a ideia de que os nativos digitais (aqueles nascidos após a ascensão da internet, nos anos 2000) são mais alienados, preguiçosos e dependentes da IA. No entanto, Desmurget se opõe a esse catastrofismo. Para o pesquisador, é simplório colocar todos os prejuízos sociais e cognitivos na conta da tecnologia, tendo em vista que fatores ambientais, econômicos e culturais interferem no modo como os indivíduos interagem não só com seus pares, mas também com a tecnologia de seu tempo.

Em 2004, enquanto examinava dados de testes de inteligência noruegueses obtidos de 1950 e 2002, o professor de psicologia Jon Martin Sundet, da Universidade de Oslo, percebeu que o crescimento que vinha sendo observado nas pontuações de inteligência na pesquisa havia estagnado. O resultado foi confirmado em estudos com sujeitos no Reino Unido, na Dinamarca, na Austrália e na Islândia. O que passou a ocorrer foi a manutenção, e não um incremento, dos índices de inteligência. Contudo, Desmurget aponta que o aumento constante dessas pontuações convergiu com o advento da cultura digital. Portanto, não seria correto afirmar que a tecnologia está "emburrecendo" as pessoas.

As pesquisas apontam que a inteligência é um traço psicológico cujo desenvolvimento está associado à curiosidade relativa, ao desenvolvimento tecnológico, bem como a fatores nutricionais, melhorias no saneamento e na educação. Ao que parece, ainda, essa estagnação, ou até um leve declínio, afeta países específicos, enquanto, globalmente, a inteligência média continua a aumentar.

Com a ascensão da inteligência artificial, a execução dos trabalhos rotineiros não precisará mais ser de competência do ser humano. Afinal, robôs são muito mais bem preparados para executar atividades manuais e repetitivas e processar racionalmente o trabalho cotidiano, sem pausas.

As funções executadas de maneira mais primitiva, como a produção em massa, o transporte de pessoas e mercadorias, a limpeza e assepsia de ambientes e equipamentos, serão feitas com mais velocidade, eficiência, previsibilidade e a um menor custo pela IA e a robótica associada a ela.

Há séculos, a humanidade usa máquinas para aumentar, automatizar e substituir o trabalho manual. As mudanças oriundas da Revolução Industrial ainda reverberam nas esferas da economia, política, produção intelectual e das relações internacionais. A tecnologia de automatização atual alimentada por big data eleva a competência desses sistemas em níveis exponenciais.

Big data é um conjunto de dados imenso e complexo, com informações provenientes de múltiplas fontes e que exigem softwares específicos para serem processadas e gerenciadas. Após o tratamento, esses grandes volumes de dados servem como insumo para a solução de problemas que antes não poderiam ser resolvidos. A Oracle resume desta forma: "Big Data são dados com maior *variedade* que chegam em *volumes* crescentes e com *velocidade* cada vez maior."

Esta é uma formulação dos 3 Vs do big data:

- **Volume:** A quantidade de dados importa. Com o big data, é preciso processar grandes volumes de dados não estruturados de baixa densidade. Eles podem ser de valor desconhecido, como feeds de dados de redes sociais, fluxos de cliques em uma página web ou em um aplicativo para dispositivos móveis, ou ainda um equipamento habilitado para sensores.

- **Velocidade:** É a taxa mais rápida na qual os dados são recebidos e administrados. Normalmente, a velocidade mais alta é transmitida diretamente para a memória, em vez de ser gravada no disco. Alguns produtos inteligentes habilitados para internet operam e exigem avaliação e ação em tempo real, ou quase.

- **Variedade:** Refere-se aos vários tipos de dados disponíveis. Os tradicionais foram estruturados e se adéquam perfeitamente a um banco de dados relacional. Com o aumento de big data, os dados vêm em novos tipos de dados não estruturados. Os não estruturados e semiestruturados, como texto, áudio e vídeo, exigem um pré-processamento adicional para obter significado e dar suporte a metadados.

Cada um dos componentes do big data respalda a construção de ferramentas capazes de gerar resultados sem precedentes. Em oito minutos, a inteligência artificial retoca uma foto que um diretor de arte demoraria quatro horas para tratar minuciosamente. O supercomputador Summit, da IBM, faz, em um minuto, cálculos tão complexos que um ser humano demoraria 63 bilhões de anos para chegar ao resultado. Ele ainda faz a análise dos dados e os transforma em informações que podem, por exemplo, dar a melhor sugestão de investimentos, superando qualquer analista humano.

Em 2017, a companhia distribuidora de energia EDP delegou aos robôs uma série de tarefas que passaram a ser executadas ininterruptamente, com um nível de eficiência inatingível pelos humanos. Os softwares são capazes de fazer tarefas repetitivas e burocráticas de 35 funcionários, resultando em 36 mil horas de trabalho economizadas em um ano.

Cientistas do Robotics Institute, da Carnegie Mellon University, desenvolveram um robô que realiza tarefas domésticas, as quais são programadas por meio da observação e de machine learning. No Bradesco, o atendimento ao cliente por meio do call center foi substituído por um atendente virtual baseado em IA da IBM. Um processo que levava em torno de dez minutos passou a ser feito em segundos. Na Natura, a renegociação das dívidas passou a ser via app e quase que imediatamente em comparação a quando ocorria pelo telefone e levava uma média de vinte minutos.

A pré-seleção dos candidatos a vagas de empregos, muitas vezes, é feita por robôs, que fazem a triagem dos currículos de acordo com as palavras-chave programadas pelo recrutador.

De acordo com um levantamento da McKinsey, cerca de metade das tarefas realizadas na economia global, entre as quais estão 2 mil atividades e 800 cargos, poderia ser, hoje, automatizada. A pesquisa aponta que aproximadamente 400 milhões de trabalhadores precisarão se reposicionar até o fim desta década.

CASOS DE USO DE BIG DATA, SEGUNDO A ORACLE, NA ERA DA IA

- **Desenvolvimento de produtos:** Empresas usam big data para antecipar a demanda dos clientes. Criam modelos preditivos para novos produtos e serviços, classificando-os e modelando a relação entre esses atributos e o sucesso comercial das ofertas.

- **Manutenção preditiva:** Fatores capazes de prever falhas mecânicas podem estar profundamente relacionados a dados estruturados, como o ano, a marca e o modelo do equipamento, bem como a dados não estruturados, que abrangem milhões de entradas, dados de sensores, mensagens de erro e temperatura do motor. Ao analisar essas indicações de possíveis problemas antes que eles ocorram, é possível implementar a manutenção de maneira mais econômica e maximizar o tempo de atividade de peças e equipamentos.

- **Experiência do cliente:** O big data permite reunir dados de mídias sociais, visitas da web, registros de chamadas e outras fontes para aprimorar a experiência de interação e maximizar o valor fornecido. Assim, o atendimento passa a fazer ofertas personalizadas, e a rotatividade de clientes diminui.

- **Fraude e conformidade:** No âmbito da segurança, é preciso proteger os equipamentos não só de alguns hackers mal-intencionados, como também de equipes de especialistas na área. Nesse sentido, o big data ajuda a identificar padrões em dados que indicam fraudes e compilar grandes volumes de informações para tornar os relatórios regulamentares muito mais rápidos.

- **Machine learning:** O machine learning é um dos assuntos mais comentados do momento. E os dados, especificamente big data, são um dos motivos. Agora, é possível ensinar máquinas em vez de programá-las. A disponibilidade de big data para treinar modelos de machine learning — para que robôs não percam tempo estudando os humanos a fim de os emular — permite que isso seja realidade.

- **Eficiência operacional:** Uma das áreas em que o big data está tendo o maior impacto. Ele permite analisar a produção, os feedbacks e os retornos de clientes, entre outros fatores, para reduzir interrupções e antecipar demandas. Também pode ser usado para melhorar a tomada de decisões de acordo com a demanda do mercado.

- **Inovação:** O big data ajuda a inovar, analisando interdependências entre seres humanos, instituições, entidades e processos e, em seguida, determinando novas maneiras de usar esses insights. Com esse recurso, é possível examinar tendências para antecipar desejos e oferecer novos produtos e serviços.

Se estiver preocupado em ser cada vez mais eficiente, como propagam os gurus, eu lhe trago más notícias. Um competidor inabalável chegou a este planeta, contra o qual você não tem a menor chance. Não dá para competir com a IA em termos de execução, mas também em funções intelectuais. Atualmente, há softwares de IA capazes de redigir resenhas, fazer análises processuais; então, a falácia de que a produção intelectual passará intacta já não se sustenta mais. Robôs têm acuidade e são capazes de peneirar milhões de dados em questão de segundos. E, como já comentamos anteriormente, softwares como MidJourney recebem informação escrita ou falada e traduzem o conteúdo em ilustrações e arte de alta definição em apenas um minuto, o que demoraria semanas para um artista ou ilustrador.

O filme *O Homem que Mudou o Jogo* é baseado na história real de Billy Beane, dirigente de uma equipe de beisebol medíocre e de baixo orçamento que tenta reformular a estratégia do time. Com base em estatísticas e análise de dados, Beane passa a desafiar o status quo e contratar atletas com base em dados, até então, completamente ignorados. O time finalmente começa a vencer, e o resultado é absolutamente bem-sucedido.

As ferramentas de IA diferem das outras pela capacidade de julgar com isenção. Já que não é afetado pelos preconceitos introjetados culturalmente, um robô não é racista, nem xenófobo, nem machista, todo o seu repertório é voltado para a análise e processamento de dados, de modo que se possa extrair todo o conhecimento necessário entre milhões de dados no menor tempo possível.

Enquanto o ser humano muitas vezes é *imoral* (isto é, que vai contra a moral estabelecida), a máquina é sempre *amoral* (ou seja, ela opera fora da lógica da moral, e sua atuação é definida exclusivamente pelos dados com que é alimentada). Assim, robôs não entram no mérito de valores ou vieses que transpassam os humanos, e os algoritmos são muito superiores a nós na análise isenta para tomadas de decisão.

Ex-secretário de Estado dos Estados Unidos, Henry Kissinger afirma que os algoritmos, os dados de treinamento e os objetivos para o aprendizado de máquina são determinados pelas pessoas que desenvolvem e treinam a IA, portanto, refletem os valores, as motivações, as metas e o julgamento dessas pessoas. No entanto, uma vez que as ações executadas por ela geralmente são mais precisas do que as dos seres humanos, defende que, com as devidas prerrogativas, elas podem, de fato, ser menos tendenciosas. Da mesma forma, a IA pode ser mais eficaz na distribuição de recursos, prevendo resultados e recomendando soluções.

Kissinger defende que, embora possa tirar conclusões, fazer previsões e tomar decisões, a IA não tem autoconsciência. Em outras palavras, ela é incapaz de refletir sobre seu papel no mundo; não tem intencionalidade, motivação, moralidade ou emoção. Mesmo sem esses atributos — e é provável que justamente por isso —, é possível desenvolver meios para que ela alcance todos os objetivos que lhe forem atribuídos. E isso acarretará uma mudança inevitável nos seres humanos e nos ambientes em que habitam. Este talvez seja o caminho para alcançarmos a tão famigerada e idealizada justiça cega, isenta e igualitária.

AUTOMATIZAR PARA HUMANIZAR

A criatividade se manifesta na capacidade de buscar e realizar o que, a priori, está fora do alcance. E essa é uma habilidade que os programadores podem ter, mas que os robôs jamais terão.

Fato é que a imaginação está no âmago das criações. E à medida que a tecnologia ocupa mais espaço nas nossas vidas e nas instituições, mais a criatividade se destaca como um elemento definidor e que nos distingue dos robôs. As respostas mais curiosas dadas pela Alexa, assistente virtual da Amazon, por mais impressionantes que pareçam, não se comparam ao humor dos seres humanos diante de um navio encalhado — o assunto que poderia ser o mais tedioso do mundo.

Imune à automação, a criatividade dos guris, e não a produtividade dos gurus, é o que vai garantir a empregabilidade, independentemente do setor de atuação. No artigo "Creativity and the Role of the Leader" ("A criatividade e o papel do líder", em tradução livre), Teresa M. Amabile e Mukti Khaire afirmam que o alto escalão das empresas tem passado longe de focar a criatividade das equipes, ainda que ela seja exigida constantemente, de maneira implícita. Elas aconselham que a prioridade dos líderes deve ser conectar e engajar pessoas a fim de estimular o trabalho criativo.

A dinâmica do trabalho permeado pela criatividade deve se pautar em um modo de pensamento transversal, trazendo à baila padrões e referências fora do óbvio. Ela está respaldada em dois pilares: conhecimentos, insights e experiências individuais e a capacidade de fazer associações desse repertório com o mundo ao redor, entender os problemas que o permeiam e buscar soluções.

O economista Tim Harford afirma que a criatividade favorece a criação de conexões e insights nos momentos mais inesperados. Essa habilidade alavanca as demais e, de maneira virtuosa, viabiliza a execução de diferentes tarefas de maneiras mais inovadoras.

Perceba então que, pelo caminho inverso — priorizando a criatividade em oposição à produtividade —, esta última também é impulsionada, sem a necessidade de executar um passo a passo predeterminado. Por trabalhar abaixo do nível de sutileza perceptual do nosso cérebro é que os algoritmos são tão úteis. Em suma, máquinas, *devices* e equipamentos de IA, daqui para a frente, vão fazer por nós o que era nossa obrigação.

Carros e aviões autônomos, julgamentos com júri formado por algoritmo, livros e obras redigidos e ilustrados exclusivamente por IA não serão realidade tão imediata, mas esta é, sim, uma tendência civilizatória. Agora, tendo em mente as perspectivas propostas para a IA, proponho um exercício de reflexão.

Imagine-se sentado em frente a uma bancada, apertando parafusos e arruelas, cortando peças com precisão durante oito horas por dia: quem em sã consciência imagina que nós nascemos para fazer esse tipo de trabalho repetitivo? Os seres humanos realizaram tarefas assim até o último século porque não havia outra forma de produção. Só que a realidade mudou.

Sendo assim, a nossa missão, que antes era aprender a fazer, e fazer direito, agora é reaprender a sonhar e a criar.

Antes de o universo digital se expandir, pensávamos em como ser produtivos para executar o possível, como o fazem os gurus. Atualmente, podemos focar o impossível — como os guris.

A inteligência artificial não vai roubar a nossa função, mas vai mudar a natureza da nossa missão. A tecnologia não vem para tirar empregos, e, sim, para devolver a nossa humanidade.

Pense na última vez em que você foi a uma consulta por razões de saúde. Provavelmente, entrou no consultório, ou iniciou uma sessão de telemedicina, cumprimentou o médico e começou a discorrer sobre seu estado, o que sentia, quais remédios tomou, e assim por diante. Então, você saiu de lá com requisições para fazer exames e um receituário. Na semana seguinte, talvez tenha voltado com os exames feitos para que o médico os examinasse e lhe desse um parecer. Nesse ínterim, talvez tenham se passado dez dias, ou mais, até receber um diagnóstico mais preciso. Você dispendeu tempo, energia, combustível para deslocamento, e é possível que nem tenha dado tempo de o médico ouvi-lo com atenção e cuidado. Ainda que ele tenha seguido o protocolo, para o paciente, fica a sensação de que o atendimento deixou a desejar.

Imagine agora um cenário no qual todos os seus dados de saúde estão armazenados na nuvem, o que o poupa de ter que narrar todo o seu histórico cada vez que adentra um consultório ou visita um especialista diferente. Graças à IA, o seu exame pode ser comparado com milhões de outros, o que proporciona um diagnóstico mais acurado. A consequência disso é mais tempo disponível para que médico crie conexões com o paciente, entenda melhor o seu contexto de vida e as relações entre isso e suas queixas, converse, ou seja, preste um atendimento mais humanizado e satisfatório.

Na década de 1980, pesquisadores de inteligência artificial usaram pela primeira vez o termo "paradoxo de Moravec", segundo o qual a nossa habilidade de criar empatia e desenvolver conexões pessoais é o que nos diferencia dos robôs. Afinal, aquilo que é considerado difícil pelas pessoas, como cálculos complexos, é extremamente simples para as máquinas. No entanto, as habilidades humanas são inatingíveis pela IA.

A iminência da chegada dos carros autônomos nos traz uma mensagem: exerçamos a nossa humanidade. Em vez de perder tempo dirigindo, atingindo altos níveis de estresse relacionado ao tráfego, ficaremos sentados no banco de trás, alheios aos problemas da rua e disponíveis para ler, conversar com familiares, dar atenção aos filhos, jogar, ler um romance. Essa transição no modo de viver libera espaço para estimular a imaginação.

Se em 1969, quando o homem pisou na Lua pela primeira vez, já existisse a inteligência artificial, ele teria chegado até lá de maneira mais segura, rápida e eficiente. Mas nenhuma inteligência artificial teria *sonhado* ou *imaginado* ir à Lua.

Os navegadores teriam chegado às Américas com muito menos dor de cabeça (e de barriga) com a ajuda da IA. Mas um robô jamais teria pensado na possibilidade de explorar o mundo desconhecido nem teria o ímpeto de se arriscar a fazê-lo. Tudo isso é humano, e é justamente a essas questões que o ser humano deve se voltar novamente.

Além do problema *climático*, o planeta também enfrenta um problema *meteorológico*. Enquanto este ameaça a existência da vida da Terra, o problema do clima organizacional, das corporações e das escolas pode exterminar a imaginação humana.

Ao entrar em algum desses organismos educacionais, acadêmicos ou profissionais, o medo de arriscar, o medo de falar bobagem, o medo de fazer qualquer coisa fora do script, pouco a pouco, vão sendo exponencializados. A humanidade intrínseca é substituída pelo mecanicismo, muito mais bem executado pela tecnologia. Corremos o risco de sermos maus tanto em fazeres quanto em seres humanos.

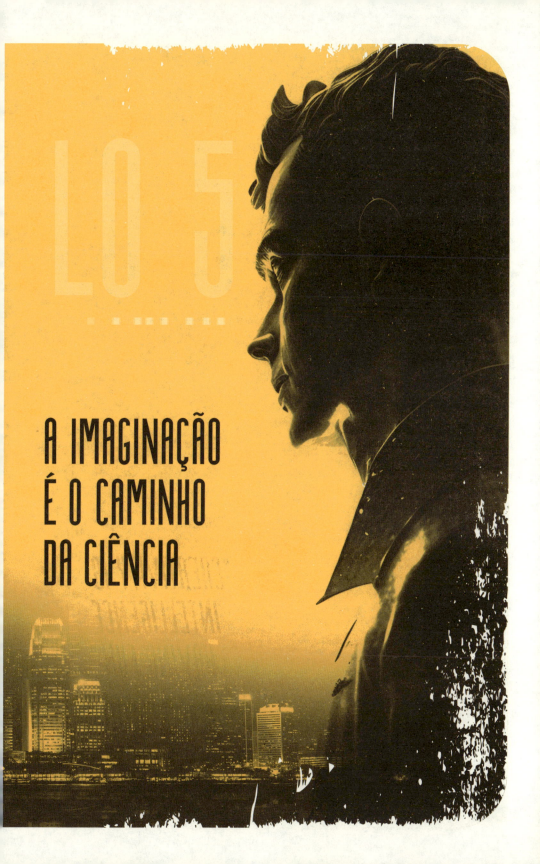

"CREATIVITY IS
INTELLIGENCE
HAVING FUN."
— ALBERT EINSTEIN

■ ■ ▪▪▪ ▪▪▪

Em maio de 2006, os cidadãos de Londres seguiam tranquilos suas rotinas matutinas. Quem acordou para ir trabalhar e se sentou à mesa para tomar café da manhã enquanto lia o tabloide ou assistia à TV não se deparou com nenhuma notícia que se destacasse entre os números da economia, famosos envolvidos em fofocas e afins.

Ao saírem para a rua, satisfeitos após uma refeição com chá preto, pães e salsichas, os londrinos notaram que aquela não era uma manhã de verão como as outras. O tráfego estava obstruído e algumas avenidas, fechadas. Uma imensa nave espacial estava encravada no meio da rua. Quem estava em outro ponto da cidade se deparou com outro tipo de surpresa: um elefante que parecia ter o tamanho de uma casa.

Em seguida, um dos tradicionais ônibus vermelhos passou carregando uma passageira também inusitada para aquele meio de transporte. A garota de oito metros de altura — uma boneca no estilo marionete — chegara à Terra na nave espacial que ficou perdida em outro ponto da cidade e agora passeava por Londres, surpreendendo a todos.

Imagine a reação de quem presenciou isso tudo naquela tradicional cidade europeia, que, apesar de receber pessoas do mundo todo diariamente, costuma estar imersa em seus costumes e proporcionar uma vida pacata para seus moradores.

Algo semelhante aconteceu também no verão de 2006, porém no Hemisfério Sul. Em uma manhã de dezembro, Curitiba despertou com várias esculturas de vacas espalhadas pela cidade. Enquanto os curitibanos encontravam uma vaca DJ segurando discos de vinil e usando fones de ouvido em uma das ruas comerciais mais movimentadas da cidade, quem passava perto da Catedral Metropolitana encontrava outra vaca gigante, em uma postura mais imponente.

Caminhar pela cidade naquela época passou a ser uma experiência permeada pela expectativa de encontrar uma nova vaca esculpida totalmente diferente da anterior.

Tanto na cidade europeia quanto na capital paranaense, ninguém sabia o que estava acontecendo, e não havia nenhuma explicação imediata. As pessoas, então, mandavam mensagens umas para as outras, relatando o que haviam encontrado, perguntando se os amigos também tinham visto aquelas figuras inusitadas, na tentativa de entender o que estava acontecendo. Os dois casos mexeram com a imaginação de todo mundo. E o objetivo era justamente esse.

A ação em Londres era produzida pela empresa Artichoke e executada pela companhia francesa de teatro de rua Royal de Luxe, que rodava o mundo havia três décadas fazendo shows grandiosos, usando fantoches e marionetes gigantes com o intuito, justamente, de envolver os habitantes locais em uma experiência artística imersiva.

Ao provocar tantas situações inéditas, todos acabavam sendo forçados a interagir com o espetáculo de maneira imaginativa, em um grande cenário urbano. O projeto, chamado *The Sultan's Elephant* ("O Elefante do Sultão", em tradução livre), foi executado durante quatro dias, nos quais os londrinos ficaram imersos em uma experiência de imaginação e sonho.

A ação, obviamente, envolveu policiais, bombeiros e outros agentes da organização e gestão pública para assegurar que tudo corresse bem. Segundo os organizadores, tanto os gestores quanto os demais profissionais ficaram bastante felizes com o ineditismo da ação, em uma compreensão de que a arte, assim como o esporte e outros eventos culturais, precisa ter espaço na cidade.

Já em Curitiba, as obras faziam da CowParade, exposição criada em Zurique, na Suíça, em 1998, pelo artista Pascal Knapp, cujo intuito era justamente provocar surpresa, riso e fazer com que o público se sentisse impelido a interagir com a obra e transitar pela cidade para ver mais. A arte, da mesma forma que na capital inglesa, passou a ocupar espaços públicos e estar à disposição de quem não costuma frequentar museus.

O mais impressionante é que, enquanto as ações de arte estavam ativas, tudo aquilo era, de fato, real. Na obra *The Sultan's Elephant*, o absurdo e o fantástico se materializaram de modo tão interativo que era impossível ficar indiferente ao passeio da garota gigante vinda de outro planeta.

Projetos de arte, dos mais singelos como a CowParade aos mais ambiciosos como *The Sultan's Elephant*, podem catalisar a democratização dos espaços urbanos e reinventar o relacionamento da população com a cidade e com seus pares no longo prazo. Essas ações servem de estímulo para que as pessoas recriem a realidade graças à imaginação e passem a colocá-la em prática dali em diante. Se a cidade se torna um espaço imprevisível, passamos a encarar a vida com a mesma imprevisibilidade e somos obrigados a reinventar os caminhos pelos quais transitamos — literal e metaforicamente, em todos os âmbitos.

Quando se deparam com uma situação completamente fora do comum, as pessoas são obrigadas a agir também de maneiras incomuns e a pensar fora da caixa. O ser humano precisa de sexo e nexo. Tudo o que não gera nexo ativa a imaginação imediatamente em busca de atribuir sentido àquilo que o confronta.

Então, quando alguém de repente vê uma boneca de oito metros andando de ônibus, uma nave espacial encravada na avenida ou vacas gigantes no centro da cidade, começam os comentários: "De onde saiu isso?", "Aonde ela está indo?".

Em Londres, uma nova história estava sendo construída coletivamente, enquanto a marionete gigante encontrava com o elefante do sultão em uma fábula ao ar livre. Esse exercício de imaginação fez uma população inteira virar guri durante quatro dias. Quando a Royal de Luxe e a Artichoke foram embora, deixaram um rastro de imaginação por onde passaram.

A curiosidade não é matéria-prima somente para os artistas, músicos, poetas. Ela é um insumo primordial para a ciência e a tecnologia.

Muita gente associa imaginação ao universo das artes plásticas, à música, à literatura ou ao entretenimento. Costumamos achar que ela é um privilégio desse tipo de desenvolvimento humano. Na verdade, o desenvolvimento científico se dá, primordialmente, por meio dela.

A curiosidade dos guris, que ativa a imaginação mediante um fenômeno desconhecido, provoca o "E se...?", que resulta no levantamento de hipóteses. Primeiro, você imagina, depois, investiga. Ou seja, a imaginação não forma apenas artistas, mas também, cientistas.

UM CÉREBRO CURIOSO

Nos seres humanos, a imaginação precedeu a linguagem, enquanto esta serviu como meio para manifestá-la. Quando os neandertais pintavam nas cavernas, antes mesmo de o homem primitivo se expressar oralmente, ele reproduzia e registrava a própria visão de mundo.

O jogo simbólico, ou de imaginação, resulta na elaboração da imagem mental, gerada como uma forma de interiorização do mundo que nos cerca. Dessa forma, o pensamento antecede a linguagem, enquanto esta o transforma em uma espécie de círculo virtuoso.

O cérebro humano é um órgão muito complexo: ele pesa um quilo e meio, mas contém cem bilhões de neurônios que realizam trilhões de conexões. Mas, até pouco tempo, acreditava-se que a imaginação se concentrava em apenas uma parte do cérebro.

Seu hemisfério direito costuma ser associado a sensações mais passionais e pouco lógicas, enquanto o esquerdo é relacionado à linguagem e ao pensamento analítico.

Embora se acreditasse que a criatividade residia no córtex pré-frontal, agora se sabe que o pensamento criativo envolve o cérebro como um todo, uma vez que ativa de maneira combinada diferentes processos, como abstração, autorreflexão, flexibilidade cognitiva, empatia, memória de trabalho e atenção sustentada e concentrada. Portanto, a criatividade em si não habita apenas um ou outro lado.

Pesquisas mais recentes sobre a base neural dessa habilidade mostram que uma ampla rede de áreas do cérebro está envolvida no processo criativo.

A rede de atenção executiva, conhecida por ativar o foco, gerencia o controle inibitório, a atenção e a memória de trabalho. Por isso, ela tem um papel fundamental no processo criativo estendido. A flexibilidade cognitiva, processada nesta parte do cérebro, nos permite elaborar hipóteses e solucionar problemas de maneiras diferentes e imaginativas.

Os insights criativos, conhecidos como "momentos eureka", ocorrem no giro temporal superior anterior no lobo temporal direito. Já a rede de saliência e a rede de modo padrão ajudam a mapear as interações entre os diferentes processos que envolvem as múltiplas dimensões do pensamento criativo.

Há duas manifestações do processamento da criatividade consideradas no âmbito da neurociência: o pensamento criativo espontâneo e o deliberado. A criatividade espontânea está relacionada aos insights mais imediatos, que surgem de repente. A deliberada, por sua vez, é um processo estratégico, voltado à resolução de problemas, que envolve tanto a rede de controle executivo quanto a rede de saliência no cérebro.

No entanto, pesquisas sugerem que os insights no estilo "eureka" podem estar atrelados a um repertório prévio que sustenta a formulação dessa descoberta aparentemente repentina. Segundo o neurocientista Arne Dietrich: "Tanto na arte quanto na ciência, a expressão de um insight criativo requer um alto nível de habilidade, conhecimento e/ou técnica que depende da resolução contínua de problemas."

O hipocampo, responsável pelo aprendizado e memória, é uma das poucas áreas do cérebro com capacidade de realizar neurogênese, ou seja, de se regenerar, por meio do treinamento. Portanto, se você se dedicar a treiná-lo por meio do exercício da imaginação, a sua capacidade mental e criativa aumenta. Da mesma forma que fortalecer os músculos exige treino diário, o treinamento cerebral demanda exercícios constantes.

Toda essa rede é acionada quando não estamos concentrados em nenhuma tarefa e passamos a divagar. No momento em que estiver deitado na praia olhando o horizonte, essa complexa rede da imaginação será ativada sem que você se esforce — a não ser para lidar com a ansiedade que eventualmente se manifeste.

A criatividade conecta os processos emocionais e cognitivos que nos ajudam a nos sentir mais confortáveis com nossas emoções conflitantes. A Dra. Wendy Suzuki, neurocientista especialista em ansiedade, afirma que o processo criativo serve também como válvula de escape para a ansiedade quando nos esforçamos para transformá-la em algo positivo.

Outra descoberta recente, derivada dos estudos do Dartmouth College, é a de que a imaginação altera a percepção da realidade e vice-versa. Por exemplo, ao observarmos uma pessoa de frente, imaginamos a parte de trás dela. Sem esforço aparente, o cérebro recria o que falta de acordo com o nosso conhecimento prévio sobre como seriam as costas de alguém. A noção de tridimensionalidade é fruto da soma entre a percepção, ou seja, o que de fato vemos, e a imaginação. Isso significa que estamos imaginando o tempo inteiro.

O quadro a seguir apresenta os cinco principais modelos de imaginação e como eles se manifestam cotidianamente. Enquanto alguns tipos são espontâneos, outros precisam de mais estímulo. Mas todos, sem exceção, precisam ser estimulados para não degenerarem.

TIPOS DE IMAGINAÇÃO

- **Imaginação reprodutora:** imagens formadas pela percepção e memória, com base no repertório prévio.

- **Imaginação evocadora:** traz o que está ausente para o presente por meio de imagens com forte tonicidade afetiva — o cheiro de bolo recém-saído do forno que o faz se recordar de uma tarde na companhia da avó, por exemplo.

- **Imaginação irrealizadora:** torna o presente ausente e nos coloca em outra realidade — com ela, você vai para Marte, para as quedas d'água de Lauterbrunnen ou até para Macondo, ficando mentalmente à parte da realidade material.

- **Imaginação fabulosa:** cria mitos e lendas por meio dos quais uma comunidade imagina a própria origem, buscando explicar seu presente e, sobretudo, seu futuro — sustenta mitos fundadores e crenças.

- **Imaginação criadora:** inventa técnicas ou cria no âmbito das artes, das ciências e da filosofia.

Imaginação e realidade fluem no cérebro em direções opostas entre os lóbulos occipital e parietal. Por essa razão, no Egito Antigo, para estimular os dois fluxos cerebrais, as crianças aprendiam a escrever em diferentes sentidos: de baixo para cima, de cima para baixo, da esquerda para a direita, da direita para a esquerda, exatamente para deixar que ambos os fluxos, da imaginação e da razão, fossem desenvolvidos e treinados. Assim, imaginação e criatividade são equalizadas com a razão e a emoção — e podem ser canalizadas e instrumentalizadas para o desenvolvimento e a inovação.

A criatividade e o avanço científico são tão indissociáveis que é possível traçar um paralelo entre os estágios do processo criativo, descritos pela neurociência, e as etapas do método científico a serem cumpridas nas pesquisas de rigor.

ESTÁGIOS DO PROCESSO CRIATIVO

1. Curiosidade sobre o tema ou área de interesse e preparação para a imersão na tarefa.
2. Estágio de incubação de ideias.
3. Geração de soluções ou montagem das peças do quebra-cabeça.
4. Estabelecimento de critérios para avaliação de hipóteses.
5. Seleção entre as opções, tomada de decisão e implementação.

ETAPAS DO MÉTODO CIENTÍFICO

1. Observação dos fenômenos a serem analisados.
2. Elaboração da pergunta ou identificação do problema — momento do "por quê?".
3. Elaboração da hipótese para responder à pergunta — momento do "E se?".
4. Experimentação prática e análise bibliográfica para testar a hipótese levantada.
5. Análise dos resultados e conclusão.

Mas é preciso reconhecer que os processos cognitivos associados aos estágios de um processo criativo saudável estão ameaçados. Como disse no Capítulo 3, ao abordar a crise causada pela abundância do mundo digital, temos, hoje, todo o conhecimento do mundo acessível a um clique, disponível por meio de um aparelho que nos permite fazer o impossível.

Caso queira saber que música é aquela que está tocando em um comercial de TV, não preciso memorizá-la e prestar atenção, esperando que ela toque na rádio, e o locutor informe; eu posso simplesmente apertar um botão, e um aplicativo me mostrará, em poucos segundos, qual é o nome da música e da banda que a toca.

Durante períodos de lazer, nós não nos preocupamos mais com a possibilidade de algo estar acontecendo no trabalho e estarmos incomunicáveis enquanto alguém precisa de nós. Estamos o tempo todo online, e a uma notificação de distância.

Na fila do banco, não preciso mais ficar divagando ou olhando o movimento ao redor; enquanto espero, posso fazer o que me der vontade, como jogar no celular, ouvir música ou até mesmo assistir a uma série (a verdade que até mesmo o fenômeno "esperar na fila do banco" não existe mais, já que praticamente qualquer problema bancário pode ser resolvido também a poucos toques, por meio dos apps).

Todos esses impulsos, alertas e facilidades sequestram o nosso cérebro e não nos dão espaço nem tempo para divagar. O universo digital está gerando uma epidemia de transtorno de déficit de atenção com hiperatividade (TDAH), associada à inviabilidade de introspecção.

O TDAH é uma síndrome que afeta de 3% a 5% das crianças, cujos sintomas são agitação, desatenção e impulsividade, podendo perdurar ao longo da vida. O manual de classificação das doenças mentais, DSM-4, o divide em três diferentes tipos: TDAH com predomínio de sintomas de desatenção; TDAH com predomínio de sintomas de hiperatividade/impulsividade; TDAH combinado. Os portadores da síndrome estão mais sujeitos à ansiedade e à depressão, bem como ao abuso de álcool e drogas.

A nossa curiosidade natural e espontânea está se reduzindo perigosamente no mundo digital. Partimos do princípio de que, no dia em que precisarmos saber de algo, isso estará disponível no Google sem o menor custo de dificuldade. Este é um risco gigantesco porque, ao diminuir a curiosidade, o conhecimento embarcado na cabeça também diminui.

Quando era pequeno, não tinha um HD para armazenar as informações das quais precisasse, então, tudo o que aprendia, eu guardava na cabeça. Primeiro, eram os afluentes à direita do rio Amazonas: Javari, Jutaí, Juruá, Madeira, Purus, Tapajós e Xingu.

Depois, precisava armazenar quais são os rios que compõem a Mesopotâmia: Tigre e Eufrates. Aprendia que o Nilo era o berço da civilização e, posteriormente, que o Reno e o Danúbio tiveram papel relevante no início da civilização da Europa.

Porque guardei tudo isso na cabeça, meus neurônios fizeram conexões, e meu cérebro, então, pergunta: "Espera aí... por que outros grandes rios do mundo foram berços da civilização, e o Amazonas, que é um dos maiores do mundo, não teve nenhuma civilização relevante ao seu redor?" Nesse momento, o meu cérebro cria um questionamento, um insight interessante, que serve como input para uma descoberta futura.

Mas isso só ocorre se todo o meu repertório prévio resultar em conhecimento embarcado na minha cabeça, e não em um HD externo. A partir do momento em que meu único trabalho passa a ser somente ir atrás da informação para consultá-la quando necessário for, mantendo-a no Google, meu repertório deixa de ser construído, e, consequentemente, a curiosidade natural e espontânea desaparece.

Sonho e imaginação vêm de referências que geram inferências. Agora, se eu quiser imaginar que vou jantar com a Cleópatra, preciso saber como ela se vestia, como era a civilização no Egito, quais eram os costumes, qual deveria ser o meu *dress code*, como eram as casas, que tipo de comida eles comiam. Inclusive, para ter algum interesse em cogitar como seria um encontro com a Cleópatra, preciso ter alguma informação sobre quem ela foi, por que traiu o imperador, e assim por diante. Ou seja, preciso ter algumas referências que despertem meu interesse por essa figura fascinante e me permitam imaginar a situação, caso contrário ficarei restrito quanto às possibilidades.

A vontade de saber mais vem com o conhecimento. E a facilidade de acesso somada à hiperconexão tem nos feito perder o input inicial da curiosidade.

O MONSTRO DA LIBERDADE

A imaginação é a capacidade de criar imagens mentais e lhes atribuir significado sem que elas sejam percebidas por meio dos cinco sentidos. Só que ela possibilita a experiência de uma maneira muito própria dentro das nossas mentes.

Ao imaginar um navio chegando a Veneza, somos capazes de sentir o movimento mareado em nossos corpos. Ao se recordar de um café da tarde com sua avó, você pode sentir o cheiro do bolo de fubá quentinho que ela fazia para o receber. Se fechar os olhos e se imaginar em uma pequena confeitaria em Paris, poderá sentir a leveza dos *macarons* derretendo na sua boca. Em suma, imaginação e memória estão profundamente ligadas.

Xavier de Maistre nasceu em 1763, em Chambéry, na França. Membro da nobreza local, em 1781, ingressou na carreira militar, mas ainda munido de interesses nas artes, na literatura e nas ciências. Em 1794, após participar de um duelo com um oficial superior, acabou recebendo uma punição disciplinar que exigiu que ele se mantivesse em um quarto trancado durante 42 dias.

O cômodo era pequeno. Encostada na parede logo em frente à porta, via-se uma cama de madeira. À esquerda da porta, havia uma janela estreita, com ferrolho e dobradiças. Ao lado da cabeceira da cama, ficava uma cadeira, e, logo depois, uma pequena mesa, na qual repousavam um jarro d'água, uma garrafa e alguns itens pessoais. Acima, um pequeno espelho refletia o ambiente de clausura. *O Quarto*, de Van Gogh, costuma ser uma referência visual para o espaço de onde de Maistre não pôde sair por mais de um mês.

Desse confinamento, resultou o livro *Viagem ao Redor do Meu Quarto*, no qual Xavier de Maistre descreve essa experiência de prisão. De acordo com o autor, aqueles dias foram o período no qual ele mais pôde usar a imaginação.

Ao passar em frente ao espelho, indo da cama para a mesa, pensava: "Que amigo sincero é o espelho! Ele realmente é o único que me fala a verdade a respeito de como eu sou." Ao olhar pela janela, introspectivo, falava: "Por que ninguém cobra ingresso para olhar o céu, o firmamento? Um dos espetáculos mais lindos que existem é grátis, e ninguém olha mais para ele." Ou seja, de Maistre começava a pensar coisas às quais ele não se atentava comumente e que não nos passam pela cabeça no dia a dia.

De Maistre defende que existem dois seres em nós: eu e o meu monstro. Naquele quarto, seu monstro estava preso, e ele, solto, porque andava pelo quarto, divagava, sonhava e imaginava livremente, sem quaisquer amarras. Viveu 42 dias permeado somente por imaginação criadora. No quarto, segundo de Maistre, ele não estava preso.

Quando saiu, estava novamente preso nos compromissos, nas ordens, no papel social, enquanto quem vivia às soltas era o seu monstro, disponível para atormentá-lo com a frugalidade e o imperativo da rotina e das obrigações. Segundo de Maistre, somente enquanto estava trancado no quarto, o monstro estava preso, e ele, solto, mas, quando saiu, as posições se inverteram. A falta do imaginar cria gaiolas virtuais que aprisionam e limitam. Afinal, a imaginação não serve apenas para criar, mas também para suportar.

E a ficção também nos traz bons exemplos disso. Um clássico é o filme *A Vida É Bela*, inspirado na vida e nos relatos do pai do diretor e protagonista Roberto Benigni, que passou dois anos em um campo de concentração nazista durante a Segunda

Guerra Mundial. Nele, o italiano judeu Guido e seu filho Giosué são levados para um campo de concentração. Então, o pai usa a imaginação para fazer o menino acreditar que tudo aquilo é uma grande brincadeira da qual estão participando, com o intuito de proteger psicológica e emocionalmente a criança do terror e da violência que os cercam. Guido usa a imaginação do guri para prender os seus monstros e deixar o filho livre, mesmo dentro da prisão.

No filme *Tribes* ("O Soldado Que Declarou a Paz", em tradução livre), um adepto do movimento hippie acaba sendo recrutado pelo Exército, mas, usando a imaginação, é capaz de suportar as dificuldades e dores muito melhor do que os outros soldados. Enquanto precisava resistir a trabalhos pesados, ele se imaginava com a namorada, por exemplo, ao passo que os demais apenas reclamavam ou ruminavam a dor.

Eu mesmo fiz, em apenas uma semana, 200 dos 800km do Caminho de Santiago. A experiência foi suficiente para entender como a imaginação é um processo evolutivo que surgiu como adaptação ao mundo hostil. O mundo sempre foi tão difícil que as pessoas passaram a imaginar para que a existência se tornasse suportável.

Há milhares de anos, o perigo iminente da exposição ao clima e ao eventual ataque de predadores impulsionou nossos antepassados a buscar recursos para sobreviver. A descoberta do fogo foi um marco nesse sentido, assegurando luz, calor e um novo meio de proteção contra ataques. No entanto, sem a capacidade criadora intrinsecamente humana, a instrumentalização dessa nova tecnologia não teria sido efetivada.

Na Idade Média, a criatividade era entendida como um processo misterioso, um tanto mítico, proporcionado por entidades sobrenaturais. O humanismo mudou essa perspectiva, interpretando-a como um fator genético e hereditário. Atualmente, essa interpretação é mais vasta, e se reconhece que a criatividade é manifestada não apenas na criação artística, mas também na produção científica e em formas mais individuais da existência humana, como nas vestimentas, na fala e na expressão individual.

Então, o que pude sentir nos Caminhos de Santiago é que, se eu não tivesse imaginação, eu simplesmente não os faria. Eu não andaria 25km por dia, com os pés cheios de bolhas, em terreno absolutamente inóspito. Somente fui capaz de fazer aquilo porque eu estava andando, mas estava imaginando ao mesmo tempo, e aquilo me libertava.

Aqui, nos deparamos com algo dramático. O ápice da imaginação está na segunda e terceira fases do nosso desenvolvimento, no período pré-operatório e operacional concreto (conforme descrevo no Capítulo 2), quando a gente tem a vida toda pela frente. Em compensação, o ponto mais baixo dela é na velhice, quando a imaginação é muito mais necessária para que possamos viver intensamente, mesmo com as possíveis dificuldades de locomoção e incertezas em relação ao que virá.

Ao rememorar a história da América Latina e do seu país, a Colômbia, o escritor Gabriel García Márquez citou a potência da imaginação criadora para reconfigurar espaços de angústia e dor:

"Uma realidade que não é a do papel, mas que vive conosco e determina cada instante de nossas incontáveis mortes cotidianas e que sustenta um manancial de criação insaciável, pleno de desdita e de beleza [...]. Poetas e mendigos, músicos e profetas, guerreiros e malandros, todos nós, criaturas daquela realidade desaforada, tivemos que pedir muito pouco à imaginação, porque para nós o maior desafio foi a insuficiência dos recursos convencionais para tornar nossa vida acreditável. Este é, amigos, o nó da nossa solidão."

O nosso declínio começa quando trocamos sonhos por memórias. Quando deixamos de sonhar e passamos somente a lembrar.

E nós podemos usar a nossa imaginação para tudo, inclusive para conceber o futuro das cidades.

■ ■ ■■■ ■■■

LO 6

DA IMAGINAÇÃO UTÓPICA À GESTÃO DEMOCRÁTICA

"GANHO A VIDA
SONHANDO."
— STEVEN SPIELBERG

allas é a nona cidade mais populosa dos Estados Unidos e a terceira mais populosa do estado, tendo aproximadamente 1,3 milhão de habitantes, de acordo com o censo de 2020. Ela se configurou como um núcleo da industrialização para os setores de petróleo e algodão, graças à sua posição estratégica na malha ferroviária norte-americana.

Em meados da década de 1970, eu organizava uma série de eventos e, por conta disso, fui com muita frequência à cidade. Em uma dessas viagens, me deparei com um projeto inédito chamado *Goals for Dallas: The Possible Dream* ("Metas para Dallas: O Sonho Possível", em tradução livre), cujo mote era, basicamente, este: convocar os cidadãos a sonhar.

John Erik Jonsson foi eleito prefeito de Dallas em 1964, logo após o assassinato do presidente John F. Kennedy no ano anterior naquela mesma cidade. Os líderes políticos e a população ainda viviam em clima de luto e lutavam para lidar com o evento que assombrara o município e com suas consequências.

Jonsson respondeu com otimismo e visão de futuro. Ele era um cara diferenciado para a época; não era um político tradicional, e, sim, um empreendedor digital, presidente da Texas Instrument, uma empresa de tecnologia. Defensor ferrenho da educação, trabalhou para melhorar o moral e a imagem da cidade ao longo de seu mandato.

Isso foi plenamente expresso em "Goals for Dallas", uma ação de propostas coletivas que resultaria em objetivos concretos, de uma forma ou de outra postos em prática tanto no curto quanto no longo prazo, tendo em vista tudo o que a cidade precisava fazer para se desenvolver ainda mais.

No entanto, quando o projeto veio à tona, não havia orçamento para colocar as propostas das pessoas em prática, nem estudo de viabilidade para tanto. A conversa era simples. Jonsson apenas perguntou aos cidadãos: "O que vocês querem?"

Os pais que precisavam acordar antes de o sol aparecer para que pudessem dar café da manhã aos filhos, levá-los à escola e, então, partir para mais um dia de trabalho exaustivo na indústria, poderiam dizer: "Eu quero ir de avião para a empresa na qual trabalho todos os dias." As crianças provavelmente poderiam ir além: "Meu desejo é escorregar em um arco-íris, pegar um pote de ouro no final e conhecer um unicórnio."

Os professores que trabalhavam em salas de aula superlotadas, com poucos recursos ou formação escassa, muitas vezes mantinham os pés no chão: "Desejo ter um espaço reformulado para trabalhar. Que a escola onde trabalho tenha um grande espaço para que as crianças possam gastar energia" ou até mesmo "Eu quero mudar totalmente de profissão". Para eles, essas conjecturas representariam uma grande transformação.

Houve também quem dissesse: "Eu queria mesmo é que idosos não pagassem passagem para andar no transporte coletivo"; "Queria que a aula começasse às 10h da manhã, e não às 7h, porque as crianças com ritmo circadiano vespertino têm dificuldades para acordar tão cedo".

Foi criado um tipo primitivo de big data, ainda sem os instrumentos de que dispomos hoje, para sistematizar as respostas contendo tudo o que a imaginação dos cidadãos de Dallas lhes dizia que a cidade deveria ter. Entre tantos sonhos, havia muita realidade concreta. Milhares de contribuições advindas do livre pensar permitiriam criar um plano de governo pautado no que de fato era necessário, desejável — e, muitas vezes, possível.

Daí surgiu o livro *Goals for Dallas: Achieving the possible dreams* ("Metas para Dallas: Alcançando sonhos possíveis", em tradução livre). A obra organizou todas as proposições práticas oriundas dos cidadãos e as dividiu em ciclos. Por exemplo, a melhoria dos espaços físicos das escolas para que as crianças tivessem mais recursos educacionais disponíveis poderia ser posta em prática em até cinco anos. Já a democratização do acesso aos aviões, não necessariamente para que os funcionários da indústria pudessem ir trabalhar diariamente de avião, mas para que pudessem viajar nas férias, era uma meta alcançável em até quinze anos. A transição de carreira dos professores que desejavam mudar de profissão, mas precisavam de formação adequada em outras áreas para tanto, poderia ser viabilizada em até dez anos.

Fez-se um almanaque das possibilidades. Isso resultou, então, em um ambicioso plano de transformação da cidade, criado coletivamente, cuja prática ocorreria em grandes *sprints*, ou ciclos, de execução.

Esse convite para municipalizar em conjunto resultou na formação do complexo urbano de Dallas-Fort Worth, pioneiro para a criação do conceito de metroplex, devido ao *boom* de crescimento e desenvolvimento da região metropolitana de Dallas, especialmente nos subúrbios. Foi o maior exercício de imaginação coletiva aplicado à gestão pública na história recente.

Em 2013, uma iniciativa semelhante foi implementada na América Latina. *O Laboratorio para la Ciudad* ("Laboratório para a Cidade", em tradução livre), foi criado com a finalidade de ser uma entidade cívica de inovação e uma incubadora de criatividade a fim de idealizar e implementar projetos-piloto para a Cidade do México. A gestão da capital mexicana buscava novas formas de compreender e imaginar a cidade a partir de uma perspectiva transdisciplinar, explorando novos paradigmas de colaboração e participação cidadã.

A instituição foi liderada pela jornalista Gabriella Gomez-Mont, que atuou em programas de pesquisa de Yale, do MIT, da GeorgeTown University e recebeu prêmios como o Audi Urban Future e o Best Arts Practice. Reconhecida como uma líder "burocrata criativa", Gomez-Mont também faz parte de um comitê consultivo internacional cuja finalidade, ligado a instituições globais, é pensar o futuro das cidades. Ela também foi nomeada uma das cem pessoas mais criativas nos negócios pela revista *Fast Company* em 2018.

Entre as atribuições do Laboratorio para la Ciudad, estão:

- **Compilar, sistematizar e analisar** práticas globais relacionadas à prestação de serviços urbanos; dedicar atenção à demanda popular e buscar soluções para problemas urbanos estratégicos, bem como implementá-las, quando possível.

- **Planejar e coordenar** mecanismos e ferramentas de articulação para aprendizagem, discussão, troca de experiências e articulação entre os setores público, social, privado e acadêmico em torno de questões urbanas estratégicas, como a promoção de um modelo de governança aberta, inovação e criatividade, em concordância com as autoridades competentes.

- **Projetar, elaborar e desenvolver** diagnósticos, buscar opiniões, soluções e propostas voltadas à prestação de serviços urbanos, à funcionalidade de vias públicas, tendo em vista um desenvolvimento criativo e, em coordenação com os setores público e privado, visando a projeção nacional e internacional da Cidade do México.

- **Promover o planejamento e a implementação** de projetos, protótipos, pesquisas e convocações cívicas para a inovação urbana por meio da participação dos órgãos da administração pública da Cidade do México, bem como de instituições de setores sociais e privados e de organismos internacionais.

- **Firmar contratos, convênios e demais instrumentos jurídico-administrativos** necessários ao cumprimento das atribuições previstas pelo Laboratorio para la Ciudad.

- **Participar dos processos e procedimentos** relacionados à efetivação das práticas a serem implementadas no âmbito de sua competência, bem como assessorar as instituições relacionadas às execuções, caso a caso.

Levando em conta o conceito de tempo permeado pelas noções de duração, cronologia, simultaneidade, permanências e durações, é preciso ter em mente que nos diferenciamos na natureza como os únicos seres históricos, capazes de analisar o passado, compreender o presente e projetar o futuro.

Não existe espaço neutro, como não existe representação neutra. Cada um, em todos os seus âmbitos, é carregado da história do seu povo e da sua natureza, assim como a escolha de cada forma de representação cartográfica carrega consigo uma ideologia — comumente aquela que predomina nas relações de poder.

A origem do conceito de cidades criativas data dos anos 1990, pautada na ideia da reorganização dos espaços urbanos. Na década de 2000, com a iniciativa da Unesco para promover a cooperação em nível global para o desenvolvimento, o debate se intensificou, e a criatividade foi destacada como um princípio gerador para o desenvolvimento urbano sustentável.

Apesar das origens relacionadas ao conceito de economia criativa, a ideia de cidade criativa está atrelada fundamentalmente a recursos culturais, muito mais do que aos financeiros. Essas cidades articulam atividades culturais e artísticas, a indústria criativa e a governança, estimulando a imaginação criadora nas organizações e indivíduos a fim de viabilizar um fluxo diversificado de ideias.

O urbanista Charles Landry, criador do termo, afirma que curiosidade, imaginação e criatividade são os insumos primordiais para a solução dos problemas da cidade. A seu ver, a implementação de um laboratório de criações coletivas, semelhante ao projeto implementado na Cidade do México, é uma proposta basilar para a configuração de espaços renovados.

Segundo a advogada urbanista Ágatha Depiné, especialista em conhecimento cívico, participação cidadã na política, inovação e governança urbanas, a cidade criativa é um espaço no qual as pessoas "criam soluções e oportunidades que equilibram tradição e inovação na cidade, ou seja, há inovação, mas sem descartar a tradição". Isto é, há uma convergência entre as relações afetivas criadas no passado e a perspectiva de um futuro pautado em desenvolvimento e inovação.

Considerando que o ímpeto e a capacidade de experimentar e explorar o mundo são inatos, a leitura do mundo, a observação de seus códigos e a relação com seus signos precedem o letramento. Os experimentos sensoriais e o desenvolvimento psicomotor, manifestados por atividades naturalmente executadas pelos seres humanos em seu processo de desenvolvimento — como correr, tocar diferentes superfícies, observar os elementos que compõem a paisagem e seu ambiente —, são maneiras de conhecer a complexidade do mundo e as múltiplas formas de interferir nele.

Para a criança, a alfabetização cartográfica se dá permeada pela geografia crítica, mediante a leitura do espaço e, consequentemente, do mundo e da natureza para que ela possa compreender a sociedade que o permeia e, nela, descobrir-se como sujeito e como ser social pela observação, reflexão e criticidade. Nesse processo, idealmente, a escola deveria viabilizar uma elaboração e prática curricular transdisciplinar, em que aspectos geográficos, históricos, sociológicos, biológicos e linguísticos estivessem intrinsecamente articulados, dada a não neutralidade dos espaços.

Com essa noção de mundo, mais do que compreender o espaço em que estão inseridas desde a infância, as crianças desenvolvem a autopercepção de seres históricos e atores nos processes de construção, modificação e emancipação de onde estão inseridas global e socialmente, articulando saberes.

As iniciativas de reelaboração coletiva dos espaços, como o Goals for Dallas e o Laboratorio para la Ciudad, mostram que o estímulo da imaginação para a prática deliberada da criatividade pode ser incitado na vida adulta com a finalidade de transformar os espaços olhando para o futuro.

A cidade precisa ser mais do que uma máquina com engrenagens que necessitam estar em perfeito funcionamento e cuja manutenção é feita de forma fragmentada. Ela deve ser um espaço fluido, a ser ocupado pela representação mais ampla possível da população, com eventos artísticos, como aqueles promovidos em Londres e Curitiba, e projetos coletivos de urbanização, a exemplo de Dallas e da Cidade do México. Tais propostas são catalisadores da modernidade e servem como convites às pessoas para reimaginar sua relação com a cidade. Com isso, elas reimaginam seu relacionamento com aqueles com quem compartilham a cidade, com as organizações nas quais atuam e consigo mesmas.

Estimular a imaginação não deve ser apenas uma iniciativa dos pais durante a infância dos filhos. Essa função precisa ser um dever do Estado e uma obrigação de quem educa, tanto nos âmbitos familiares quanto institucionais. Deveríamos fazer um gigantesco esforço para o ser humano voltar a ser guri por intermédio da gestão pública e da educação, em um esforço que toda a sociedade deveria empreender.

> *"A utopia está lá no horizonte. Me aproximo dois passos, ela se afasta dois passos. Caminho dez passos e o horizonte corre dez passos. Por mais que eu caminhe, jamais alcançarei. Para que serve a utopia? Serve para isto: para que eu não deixe de caminhar."*
>
> — *Eduardo Galeano*

A Landworks se descreve como uma instituição independente e sem fins lucrativos que oferece um caminho de retorno ao emprego e ressocialização para aqueles que saíram da comunidade carcerária ou para quem corre o risco de ser preso. O trabalho da instituição, alocada no Reino Unido, começou em 2013 e, desde então, mais de uma centena de pessoas passaram por lá e participaram do programa de reabilitação de nove meses.

Tendo em vista a grande expressão do projeto, Chris Parsons, o fundador da Landworks, defende que o trabalho é bem simples. Fundamentalmente, a ideia é permitir que as pessoas voltem às suas comunidades com emprego após saírem das instituições do sistema de justiça criminal.

Isso ocorre por vários meios. A Landworks promove atividades de música, horticultura, marcenaria, cerâmica, compostagem, com uma rotina equilibrada entre tarefas intelectuais, sociais e manuais. A intenção é criar um ambiente que contraste com o que acontece na prisão. Segundo Parsons, a pedra angular do projeto é o senso de comunidade, com igualdade e boas relações de confiança. Uma vez que uma pessoa acredita que é possível mudar, ela se engaja no trabalho em conjunto e se motiva a seguir em frente.

Quando alguém comete um crime, ele é constantemente lembrado de que é um criminoso e de que sempre será considerado como tal. Então, a Landworks o encoraja a explorar o futuro, sob a premissa de que há algo bom lhe esperando.

Parsons acredita que, para manter esse propósito justamente quando as pessoas estão nos pontos mais baixos de suas vidas e lutando contra vários fantasmas, é necessário se pautar em alguns elementos imprescindíveis:

- **Esperança:** é preciso crer que o futuro pode ser melhor.
- **Senso de pertencimento:** na integração à comunidade, cada um dos indivíduos encontra algo de que gosta nos demais. Essa relação os motiva ainda mais a querer melhorar a própria vida, bem como as alheias.
- **Formação de identidade:** ao conhecerem a si mesmas e se verem mediante os demais, as pessoas criam uma identidade complexa à parte da identidade criminosa que costuma ser vista pelos outros.

O fundador da Landworks associa o sucesso de todo esse processo de reintegração à *imaginação*. Crer na possibilidade de um futuro melhor depende da crença em si mesmo ou de um credo em alguma entidade ou divindade. Depende, ainda, da capacidade de imaginar-se em um contexto diferente, com um futuro reconfigurado. Certamente, isso não acontece no sistema prisional, onde há um regime de repetição, e cada dia é igual ao outro.

Parsons afirma que todas as pessoas que chegam a Landworks têm ou tiveram algum tipo de problema de saúde mental, seja por uso de drogas, dificuldades na infância, abusos, e assim por diante. Ainda, a passagem pela prisão causa um choque que pode resultar em transtorno de estresse pós-traumático. Tudo isso as faz pensar que suas vidas não podem mais ser diferentes. Seu sistema cognitivo está abalado a ponto de terem dificuldades para imaginar um cenário no qual sua liberdade não seja restrita e tenham habilidades para recriar suas vidas. A imaginação é destruída durante o tempo na prisão. Poderia ser diferente se, ao entrar lá, já tivessem cultivado o imaginar para se sentirem mais livres, apesar de encarceradas. Mas isso ainda é utópico.

As atividades artísticas e manuais, nesse sentido, estimulam a formação de novas sinapses, acionam o gatilho da curiosidade e viabilizam o processo de ressocialização. No estágio em que começam a imaginar uma vida diferente, essas pessoas estão reintegradas à sociedade e dotadas de habilidades entre as mais importantes para o futuro, ligadas à criação, empatia e inovação, que lhes serão úteis, além das habilidades manuais.

A iniciativa de Parsons com a Landworks é apenas uma amostra de como uma iniciativa que parece simples, pautada no éthos de comunidade e imaginação, aciona uma engrenagem poderosa que modifica toda a sociedade que as cerca.

Também é possível encontrar estratégias criativas para melhorar a mobilidade de uma grande cidade além das soluções infraestruturais. O uso de dados pode ser uma dessas estratégias. Com a implementação de uma base de dados gerada com a participação cidadã, é possível incentivar diariamente decisões de mobilidade inteligentes e informadas por parte dos cidadãos, reduzindo problemas de congestionamentos.

O big data servirá para orientar os habitantes por meio de ferramentas e apps de navegação inteligente, que os auxiliarão a tomar decisões inteligentes de curto prazo. Contudo, servirá também para a tomada decisões sistemáticas, como aceitar uma oferta de emprego ou alugar um novo apartamento próximo ao trabalho atual. Isso viabilizaria economia de tempo e dinheiro, bem como a minimização de estresses diários.

Certamente, isso também auxiliará os formadores de políticas a tomarem decisões de urbanização *data driven*, com implicações práticas para o presente, e apontará para paradigmas futuros.

Nesse caso, a tecnologia e a inteligência artificial são aliadas em um processo de humanização e integração social. Ele contrasta com o uso gregário, já apontado anteriormente neste livro, que restringe os indivíduos a suas redes de relações, ou bolhas, formando castas que, muitas vezes, não se comunicam entre si.

Uma das iniciativas do Laboratorio para la Ciudad caminhou nesse sentido. O projeto foi liderado pelo arquiteto José Castillo e pelo pesquisador Carlos Gershenson, que propuseram um sistema operacional de mobilidade urbana. O objetivo era repensar a forma como os cidadãos se movimentam e, por meio da sua participação e da tecnologia, encontrar alternativas reais para problemas de poluição e tráfego.

O grupo de trabalho desenvolveu o experimento chamado LivingMobs. Ele consistia, inicialmente, na coleta de informações de fontes diversas, como empresas e instituições de gestão pública, mas também de cidadãos individuais, que contribuíam voluntariamente, transformando-se em doadores, ou fornecedores, de dados.

Assim, formou-se um banco de dados coletivo e *crowdsourced* com informações sobre mobilidade. A proposta é entender o papel do carro e seu uso mais eficiente como parte da solução, e não apenas do problema. A coleta de dados, de acordo com a equipe, era uma das principais tarefas.

Em breve, os cidadãos poderão não apenas compartilhar anonimamente sua rota diária, mas também sua velocidade média, meio de transporte preferido e as facilidades e dificuldades que encontram no cotidiano ao trafegar pela cidade.

No futuro, o doador de dados terá a oportunidade de compartilhar sua agenda e planos futuros para, por exemplo, avisar que irá a uma consulta médica no dia 2 de outubro às 13h, na Avenida das Flores, nº 100. Dessa forma, o big data será alimentado com informações cada vez mais precisas, e os dispositivos poderão informar a todos sobre como estará o trânsito na cidade com antecedência.

Atualmente, existem métodos para obter dados a um custo menor, além de fornecer informações mais precisas e em constante atualização. Esse protótipo utilizado pela Cidade do México contou com uma grande quantidade de dados para produzir informações úteis e ordenadas, que estão disponíveis para os cidadãos da cidade usarem para tomar decisões.

É um projeto ambicioso, cuja implementação plena poderá levar décadas. No entanto, sua idealização mobilizou diversas instituições, entre as quais o Ministério do Meio Ambiente, departamentos de trânsito, de infraestrutura etc.

A EQUIPE CRIATIVA E MULTIDISCIPLINAR DO PROJETO CHEGOU A ALGUMAS CONCLUSÕES:

1. O problema da mobilidade nas grandes cidades pode ser atacado com a implementação de informações úteis e atualizadas.
2. A promoção de decisões inteligentes pode melhorar a mobilidade de uma megalópole.
3. É possível gerar mecanismos de participação para a consolidação de informações antes inexistentes ou extremamente caras.
4. Embora as cidades optem com mais frequência pelo uso de ferramentas tecnológicas e pelo uso de informações, seu alcance varia de acordo com os desafios em outros contextos urbanos.

Os resultados derivam do fato de que todos foram postos para pensar em como seria um futuro no qual um coletivo de mentes criativas pudesse usar a imaginação criadora para desenvolver nossas cidades. Da mesma forma que as mentes livre-pensantes dos guris fizeram no *junior board* da Grey Advertising, conforme relatei no Capítulo 2.

UM MUNDO CARBONO ZERO

Sir Francis Drake era dado ao esporte de caçar jacarés a tiros de canhão. Os bichos eram, depois, remendados, recheados de palha e mandados para a Rainha Elizabeth. Quando jovem, ele e seus homens, com mulheres, crianças, animais e munidos de utensílios domésticos, atravessaram a serra procurando uma saída para o mar. Ao fim de 26 meses, no entanto, desistiram da missão e decidiram fixar-se ali para não ter que empreender o caminho de volta.

Esse é o mito fundador de Macondo, um vilarejo que cresceu gradativamente até se tornar uma cidade, na qual os Buendía se estabeleceram e viram sua família crescer, se reproduzir e, posteriormente, de acordo com o ciclo da vida, pouco a pouco, morrer. A ressonância sobrenatural do nome da cidade refletia a aura mágica dos eventos que nela sucediam.

A criação de Macondo representa a chegada de imigrantes, a aculturação da população nativa, mas, sobretudo, a utopia que acompanhava a construção de uma nova vida em um local inexplorado. Na obra, a expectativa dos Buendía naquela terra é a longevidade da estirpe, que cresceria juntamente com a cidade.

Em 21 de outubro de 1982, o escritor colombiano Gabriel García Márquez recebia o Prêmio Nobel de Literatura. Falecido em 2014 aos 87 anos, foi pioneiro e maior representante do estilo conhecido como "realismo fantástico". Macondo, a cidade fictícia que serve de cenário em uma de suas obras de maior expressão, *Cem Anos de Solidão*, representava um processo de sucessivas transformações sociais que se via na terra natal do autor.

Em seu discurso na Academia de Letras da Suécia, onde foi laureado com o prêmio, García Marquez discorreu sobre como a imaginação é capaz de recriar um espaço físico, concreto, material, e transformá-lo em um mundo utópico graças às referências dos observadores, ou à falta delas.

Considerando que a leitura do mundo e a consequente criação de significado independem de conhecimento formal e estão associadas às experiências, uma cidade utópica — seja ela metafórica, imaginada, ou concreta — pode ser criada por qualquer um. Neste caso, ela é narrada sob a vista da chegada dos europeus às Américas:

> *"Antônio Pigafetta, um navegante florentino que acompanhou Magalhães na primeira viagem ao redor do mundo, escreveu durante sua passagem por nossa América meridional uma crônica rigorosa, que, no entanto, parece uma aventura da imaginação.*

Contou que havia visto porcos com o umbigo nas costas e pássaros sem patas cujas fêmeas chocavam nas costas do macho, e outros como alcatrazes sem língua cujos bicos pareciam uma colher. Contou que havia visto uma espécie animal com cabeça e orelhas de mula, corpo de camelo, patas de cervo e relincho de cavalo. Contou que ao primeiro nativo que encontraram na Patagônia lhe puseram na frente um espelho, e que aquele gigante ensandecido perdeu o uso da razão pelo pavor da sua própria imagem.

[...] Um dos tantos mistérios que nunca foram decifrados, é o das onze mil mulas carregadas com cem libras de ouro cada uma, que um dia saíram de Cuzco para pagar o resgate de Atahualpa e nunca chegaram a seu destino. Mais tarde, durante a colônia, vendiam-se em Cartagena das Índias galinhas criadas em solos de aluvião, em cujas moelas se encontravam pedrinhas de ouro.

Esse delírio áureo de nossos fundadores nos perseguiu até há pouco tempo. Apenas no século passado a missão da Alemanha encarregada de estudar a construção de uma ferrovia interoceânica no istmo do Panamá, concluiu que o projeto era viável com a condição de que os trilhos não fossem feitos de ferro, que era um metal escasso na região, mas de ouro."

De modo semelhante às das terras primitivas das Américas, a Arábia Saudita é conhecida por suas construções rodeadas por ouro. Ultrapassada a época das grandes navegações, uma das ambições do príncipe herdeiro saudita, Mohammed bin Salman, era materializar sua própria utopia. O megalômano projeto consiste na construção de uma cidade inovadora, completamente *high tech*, em uma área desértica de 26,5 mil quilômetros quadrados no noroeste da Arábia Saudita.

O sonho de Bin Salman é que haja usinas de dessalinização e uma rede elétrica que use somente fontes de energia renováveis, com uma infraestrutura de primeira linha. O sistema regulatório da cidade deve ser sistematizado com o objetivo de acolher e impulsionar novas ideias, tendo em vista o desenvolvimento contínuo da megalópole, desde que de acordo com as normas sauditas. Seu nome, Neom, é uma combinação do grego *néos* (novo) e de *mustaqbal* (futuro, no árabe).

Segundo a *Bloomberg Businessweek*, o design imaginado para a urbanização da cidade inclui um tipo de elevador que se assemelha a uma cápsula capaz de voar pelos ares, prédios com arquitetura em formato que lembra o de um fragmento de DNA, em dupla hélice, e outros que se assemelham a imponentes aves gigantes.

O príncipe herdeiro recrutou até mesmo especialistas em ficção científica de Hollywood como consultores. A intenção é que Neom seja completamente diferente das cidades atuais e transforme a Arábia Saudita em um polo e referência global de tecnologia, modernidade e economia dinâmica, livre da corrupção e do extremismo religioso.

Os profissionais envolvidos relatam que há um gasto dispendioso de dinheiro e projetos cuja execução foi iniciada, mas que não ficam à altura do desejo do autocrata saudita. Apesar da expectativa de empregar esses profissionais por anos, após idas e vindas nos esboços, muito pouco é colocado em prática. Em um âmbito mais burocrático, segundo relatos, há dificuldades em realojar os moradores da região durante a construção.

É justo dizer que muito já foi feito, principalmente no que se refere à energia limpa, com usinas modernas de produção de hidrogênio para veículos que usam células de combustível, bem como a gradual, ainda que lenta, integração das mulheres na vida social.

Neste caso, o custo da dificuldade existe. Ainda que o orçamento seja estimado entre US\$500 bilhões e US\$620 bilhões, há um impasse com o qual os executores do projeto, e talvez o próprio Bin Salman, não contavam: a imaginação supera, e muito, a realidade. Materializar um sonho, portanto, pode beirar o impossível, independentemente dos recursos materiais disponíveis.

Durante anos, pesquisei o tema da mobilidade, participei de muitos simpósios, escrevi inúmeros artigos sobre como a sociedade poderia ser transportada de um ponto a outro com mais eficiência e economia de tempo.

Em um mundo cada vez mais urbanizado e congestionado por veículos motorizados, a mobilidade sustentável como modelo que permite a circulação de pessoas e bens com o mínimo impacto ambiental e territorial assume um papel imprescindível para a eficiência das cidades. As novas tecnologias visam resolver os problemas derivados do excesso de tráfego, como poluição, perda de tempo e deterioração do espaço urbano, além dos potenciais riscos relacionados a incidentes de trânsito.

De mapas disponíveis para download em smartphones a protótipos de carros elétricos compartilhados e autônomos em todo o mundo, a tecnologia e a inovação buscam solucionar os problemas de mobilidade por diversos meios. No entanto, os resultados de tais iniciativas ainda não foram devidamente mensurados, e arriscamos chegar a um ponto de não retorno quanto à emissão de carbono.

A escala e a complexidade do desafio que a mobilidade representa impõem a necessidade de ideias específicas que criem as bases para outros futuros urbanos ao redor do mundo.

O aumento progressivo dos preços dos combustíveis derivados do petróleo, a elevação dos níveis de poluição, a má implementação e a má comunicação das políticas públicas de mobilidade e a resistência da população às medidas propostas intensificam o problema.

A crise iminente representa uma oportunidade única para reorganizar as lógicas de investimento dos setores público e privado em prol de alternativas inovadoras. Afinal, o orçamento disponível para colocar as possíveis soluções em prática não costuma ser a infinidade de ouro vislumbrada pelos europeus em sua chegada à América nem aquela disponível para a modernização do urbanismo e da economia saudita.

A minha conclusão, resultado de uma década debruçado sobre o assunto, é que a maior ferramenta de mobilidade à disposição de todos nós é aquela que possibilitou a criação de Macondo — a imaginação. Somente ela pode nos levar do ponto A ao ponto B, no espaço e no tempo, à velocidade da luz, sem nenhuma emissão de carbono.

Os imaginativos têm o dom imbatível de criar um universo fabuloso, permeado por mitos fundadores, personagens complexas e tramas que efetivamente ninguém vivenciou.

O movimento de quem nem do quintal saía se faz por intermédio de uma livre imaginação, em viagens confortáveis, sentado em um tapete mágico, voador, por mais pedregosos e imprevisíveis que sejam os caminhos da vida.

"SONHAR É
ACORDAR-SE
PARA DENTRO."

— MARIO QUINTANA

· ··· ···

Em um dia banal em meio à rotina urbana, pessoas se dirigiam aos seus locais de trabalho, enquanto outras arrumavam as crianças para ir à escola. O trânsito operava corriqueiramente, sem sobrecargas nem tranquilidade anormal. Os responsáveis pela coleta do lixo já estavam nas ruas, o médico oftalmologista e a esposa haviam iniciado o dia prontos para atender aos pacientes regulares.

A certa altura, um desconforto moderado arremeteu os populares de toda uma cidade. A princípio, parecia uma espécie de nebulosidade nos olhos — talvez causada pelo clima nublado, apesar de isso não calhar com o clima do dia, pela poluição ou até mesmo pelo cansaço que eventualmente pudesse tomar conta daqueles que não costumam dar a devida atenção às necessidades fisiológicas que o corpo sinaliza.

O que era um pequeno desconforto moderado, no entanto, se transforma em uma cegueira generalizada, que se espalha pela cidade, acometendo praticamente toda a população, sem explicação aparente.

O mais peculiar daquela cegueira é que ela não parecia um breu. Pelo contrário, era descrita como sendo uma "brancura tão luminosa, tão total, que devorava mais do que absorvia, não só as cores, mas as próprias coisas e os seres, tornando-os, por essa maneira, duplamente invisíveis". Isso provocava as reações mais primitivas nas pessoas. Algumas reagiam de forma violenta; outras, ficavam desoladas, apáticas, aterrorizadas, e assim por diante.

Pouco a pouco, aquela que se configurava como uma sociedade pacata e devidamente estruturada chega ao colapso. Com quase todos os indivíduos cegos, os poucos que ainda enxergavam temiam ficar perto deles, já que a perda da visão parecia ser contagiosa, de modo semelhante a um vírus que se replica a cada oportunidade e que invade o próximo hospedeiro na primeira chance que tem de contaminá-lo. Para nós, recém-saídos da pandemia de Covid-19, é fácil compreender o medo e o caos em meio a um surto sem precedentes e sobre o qual não há informações.

Também de maneira semelhante à experiência ainda fresca em nossa memória, na tentativa de conter a disseminação da cegueira, os infectados foram isolados impositivamente — neste caso, em um hospital psiquiátrico desativado.

Por não enxergarem, os internos agiam como se estivessem livres de quaisquer amarras sociais. Brigavam fisicamente, ofendiam os demais; alguns tentavam abusar fisicamente dos outros, que reagiam como podiam, já que não tinham a quem recorrer. O efeito desencadeado pela ausência de visão se assemelhava àquele associado ao consumo excessivo de álcool e outros entorpecentes.

Entre os internados, estava a esposa do médico, compelida a se juntar ao marido. Ela, porém, não ficara cega. Era a única naquele ambiente que, por alguma razão, não foi engolida pela nebulosa branquidão em suas vistas. Passou, então, a cuidar do marido e de todos os outros que estavam naquele espaço, criando uma organização social em meio ao caos animalesco que se instaurava.

Naquele ambiente onde ninguém tem nome, a esposa do médico propõe que eles criem sinais sonoros para se comunicar e, sobretudo, imaginem estar no ambiente que mais lhes aprouvesse. Assim, seria possível criar imagens mentais independentes da realidade que se impunha.

Quando os olhos não permitem ver as coisas, a visão precisa ser proporcionada por outros meios. A cegueira passou a se tornar uma nova interface entre as pessoas e o mundo. Pouco a pouco, elas reajustavam suas autopercepções, valores e réguas morais individuais e coletivas.

A nova organização social, bem como o mundo, passou a ser "vista" com os olhos da imaginação, que recriavam um contexto de autoproteção e sobrevivência.

No cenário de *Ensaio Sobre a Cegueira*, obra publicada em 1995, o escritor português José Saramago explicita como a capacidade de enxergar o mundo ao redor com os olhos da mente é a única forma viável de se reconstruir, mesmo quando a única perspectiva é a de devastação.

Sem limitar-se aos cinco sentidos, munidos apenas da imaginação criadora, os personagens começam a se reconectar com sua própria humanidade, em oposição aos instintos mais animalescos que tentam se impor.

Como dito no Capítulo 2, essa é uma habilidade cognitiva derivada do desenvolvimento humano e exponencializada de acordo com fatores sociais e culturais. Em suma, somos como um celular novo, que já vem com aplicativos instalados que nos permitem viajar no tempo e no espaço, na hora em que quisermos. Seríamos, portanto, naturalmente aptos para lidar com a cegueira descrita na obra de Saramago, devido à capacidade de estabelecermos representações simbólicas, advinda da infância.

No entanto, quando crescemos, deixamos de atualizar esse aplicativo inato. Em vez de ficar na *home page*, o app da representação simbólica e da imaginação criadora vai parar lá na página sete, oito ou nove do nosso "hardware", pelo resto da vida. Ele não foi desinstalado, mas permanece desatualizado e em modo ocioso; então, a capacidade de enxergar uma realidade fantástica vai se perdendo com o tempo.

É por essa razão que a cegueira nos engole com mais facilidade. Nas sombras, enquanto a gente vê uma parede, a criança vê um coelho, dinossauros, pássaros. Enquanto vemos blocos de montar, ela vê uma cidade. Enquanto vemos uma folha de papel, ela vê um barco ou avião. O nosso olhar lógico extermina a capacidade de olhar algo e vê-lo de maneira mágica — habilidade que a criança tem.

Ao nascer, todo mundo é criativo e cheio de imaginação. A criança nasce com esse software embarcado, no entanto é necessário mantê-lo atualizado.

Em termos de psicologia, o fenômeno chamado de *afantasia* é uma condição mental que contrasta com a capacidade inata de criar representações simbólicas mentais. Trata-se da incapacidade voluntária de visualizar imagens mentalmente.

Na década de 1880, o pesquisador Francis Galton realizou um estudo com o objetivo de analisar os níveis de perspicácia dos sujeitos da pesquisa ao descreverem as imagens mentais que elaboravam. Em meio a diferentes palavras e expressões, cada um deveria descrever que tipos de representações mentais lhes vinham à cabeça e tentar reproduzi-las com o maior rigor possível. Para a surpresa do pesquisador, aproximadamente 2,5% dos participantes relataram não conseguir visualizar absolutamente nada em suas mentes.

Galton, que era um cientista multidisciplinar, antropólogo, meteorologista, matemático e estatístico, ao se deparar com tal resultado, constatou que os cientistas participantes do experimento, em sua maioria, não eram capazes de imaginar de maneira plena, nem de criar imagens em suas mentes. Para eles, um universo fantasioso descrito em um livro, por exemplo, ficava restrito meramente às palavras.

Já nos anos 2000, Adam Zeman, neurologista da Universidade de Exeter, na Inglaterra, se debruçou novamente sobre esse fenômeno. Os participantes do estudo mais recente afirmam só ter tomado consciência de sua condição muito depois da infância, na entrada da vida adulta, e graças ao confronto com as descrições feitas por outras pessoas de suas respectivas imagens mentais ou imaginações. Zeman finalmente nomeou a condição de *afantasia* — atualmente conhecida também como imaginação cega.

Basicamente, se uma pessoa com essa condição olhar para uma montanha, ela obviamente saberá do que se trata, caso tenha tido contato com uma montanha antes, pessoalmente ou por meio de uma fotografia. No entanto, se estiver em um local onde não haja montanhas em seu campo de visão e lhe for pedido para imaginar uma, ela não será capaz de fazê-lo. Alguém com afantasia é capaz de reconhecer familiares e amigos, por exemplo, mas não de imaginar seus rostos quanto não estiverem por perto.

Estima-se que 2,5% da população mundial seja composta de afantásicos, entre os quais muitos talvez nem saibam reconhecer que o são. Esse é o caso de Ed Catmull, o cofundador da Pixar que revolucionou a animação gráfica em 3D. Catmull só notou essa dificuldade em criar imagens mentais quando se propôs a fazer um tipo de meditação guiada, que demandava visualização.

Em entrevista à BBC, ele relata que passou semanas pensando no episódio e tentando recriar outras imagens mentalmente, mas seus esforços eram em vão. Conversando com colegas, posteriormente, Catmull teve certeza de que havia algo de diferente nele.

E eu diria que o que era uma doença rara está se transformando num fenômeno social preocupante. Como muitos não conseguem ver além do objeto em si, acabam perdendo a capacidade de imaginar, ficando todos afantásicos. Apesar de não oferecer riscos inerentes à saúde ou à segurança, em casos extremos, a afantasia pode aprisionar um indivíduo em seu próprio corpo.

Fazer os Caminhos de Santiago sem a ajuda da minha imaginação teria reduzido a experiência a um suplício. Em vez de aproveitar o trajeto e todas as belezas decorrentes dele, talvez eu tivesse ficado preso à minha própria cegueira branca, vendo apenas um caminho árduo e nada além dele. Se a esposa do médico em *Ensaio sobre a Cegueira* fosse acometida por tal síndrome, o desfecho de todos aqueles cuja vida dependia da imaginação teria sido fatal.

A imaginação é uma
bateria que descarrega rápido
quando não é usada.

LENTES PARA A CEGUEIRA

Uma das reflexões quanto aos problemas humanos atuais que faço em meu livro *Trilema Digital* é relativa à queda vertiginosa das taxas de leitura no país. Diante disso, para evitar a erosão da imaginação, será preciso estimular a formação de sinapses que induzam a curiosidade, a renovação das conexões cerebrais. E isso se dá por meio da leitura.

Segundo a pesquisa *Retratos da Leitura no Brasil*, aproximadamente 4,6 milhões de pessoas deixaram de ler no país entre 2015 e 2019; a porcentagem de leitores no Brasil caiu de 56% para 52%. Já os não leitores compõem 48% da população. O fenômeno é notado em todas as classes sociais.

Segundo pesquisas, com o tempo que passamos nas redes sociais, poderíamos ler 200 livros por ano — o brasileiro lê, em média, cinco livros por ano, metade deles sendo lida apenas parcialmente. A população de nosso país passa, em média, 608 horas/ano nas redes sociais, e 1.642 horas anuais em frente à TV.

Em matéria publicada pela Agência Brasil, Zoara Failla, coordenadora da pesquisa, defende que a internet e as redes sociais figuram entre as principais razões para diminuição no percentual de leitores, que passaram a dedicar seu tempo livre às telas, e não mais aos livros.

Ler é um processo de coautoria, diferente de ver filmes. Ao assistir a um vídeo, somos apenas espectadores externos desse mundo. Quando eu leio, estou cocriando com o autor: ele descreve uma cidade, e eu a visualizo mentalmente; ele fala de um personagem, e eu o imagino. Por isso é comum dizer que, não importa quantas vezes leiamos um livro, ele sempre será um livro diferente.

A maturidade, o contexto, o ambiente em que eu estiver são fatores que influenciam o processo de coautoria; ao ler, a gente viaja para um mundo alternativo, onde somos participantes ativos nesse processo de criação. Essa é a grande diferença entre voyeurismo e participação ativa.

Costumo dizer que a vida não se mede em tempo, e, sim, em quilômetros ou linhas.

O que importa é quanto você viajou, no mundo ou na mente.

Se viajar fisicamente para Lauterbrunnen, na Suíça, verá 72 cachoeiras ou quedas d'água magníficas, ladeadas por montanhas, um verdadeiro espetáculo natural na Terra. Agora, após ter lido essa minúscula descrição de Lauterbrunnen, experimente fechar os olhos e imaginar as quedas d'água; respire fundo e imagine o ar das montanhas preenchendo os seus pulmões.

A experiência é semelhante à da criação de Macondo, de *Cem Anos de Solidão*: independentemente ter ido fisicamente ao local — independentemente, inclusive, de o local existir ou não —, você pode viajar até ele através da sua mente, por meio da leitura.

Durante a infância, Elon Musk, às vezes, lia por dez horas por dia. Ler ficção não garante inovação, mas pode inspirá-la. Da mesma forma, a inspiração não garante o conhecimento, mas move as pessoas para que o persigam.

A antropóloga francesa Michèle Petit é pesquisadora do Laboratório de Dinâmicas Sociais e Recomposição dos Espaços, do Centre National de la Recherche Scientifique. Em seu livro *A Arte de Ler: Ou como resistir à adversidade*, ela descreve situações as quais lhes foram narradas por diversas pessoas e que foram superadas graças à leitura.

Sob esse aspecto, as bibliotecas não devem ser vistas somente como lugares de acesso à informação:

Elas são também conservatórios de sentido onde se encontram metáforas científicas que ordenam o mundo e o esclarecem, são metáforas literárias, poéticas, geradas pelo exercício lento de escritores ou de artistas que realizaram um trabalho de transfiguração de seus próprios questionamentos e dos vários conflitos que estão no cerne da vida psicológica e social.

Nesse contexto, a literatura é um agente destruidor, cuja utilidade é contrária aos itens que oferecem a praticidade e a adequação e causa uma desordem necessária para manter a humanidade intrínseca. Da mesma forma, produzir textos significa planejar por meio da organização de símbolos e projetar, a partir disso, narrativas que construam uma unidade.

Hoje, o mundo inteiro se configura como um espaço em crise, derivada de fatores políticos, sociais, econômicos e psíquicos, permeada pela transformação acelerada. Tais crises, em certos casos, são rupturas para pessoas que não conseguem ou não têm condições de se adaptar aos novos tempos. Contudo, ao mesmo tempo em que podem resultar em uma perda total de sentido, esses acontecimentos podem também estimular a criatividade e a inventividade.

Sobre o papel da leitura diante desse cenário disruptivo, Petit é enfática:

> *"Em tais contextos, crianças, adolescentes e adultos poderiam redescobrir o papel dessa atividade na reconstrução de si mesmos e, além disso, a contribuição única da literatura e da arte para a atividade psíquica. Para a vida, em suma. A hipótese parecerá paradoxal em uma época de mutações tecnológicas na qual é a eventual diminuição da prática da leitura o que preocupa.*
>
> *Parecerá mais audaciosa, até mesmo incoerente, visto que o gosto pela leitura e a sua prática são, em grande medida, socialmente construídos. [...] A leitura é uma arte que se transmite, mais do que se ensina. Na maioria das vezes, tornamo-nos leitores porque vimos nossa mãe ou nosso pai mergulhado nos livros quando éramos pequenos, porque os ouvimos ler histórias ou porque as obras que tínhamos em casa eram tema de conversa."*

Quando se fala sobre "o ato de ler", este carrega um caráter de superioridade intrínseca e é interpretado como instrumento de detenção de poder. E na estruturação do nosso sistema educacional, os aspectos da leitura como elemento de composição individual são perdidos.

Na academia, debate-se com enorme frequência sobre a função da literatura, mesmo tendo ciência de que ela não é um elemento com a funcionalidade empírica que se espera nas últimas décadas, em que se exige ordem, regramento e um papel a cumprir, operando no mecanismo social.

Crítica ao modelo tradicional de ensino e à leitura como uma obrigação, e não como prazer, a pesquisadora e crítica literária Marisa Lajolo defende que, hoje, se torna evidente que a escola é o grande entreposto dessa "mercadoria" na qual se transformou a leitura e que o seu imposto é a escolarização formal do leitor.

No período da efetivação de alfabetização, os alunos já fazem parte de ambientes que estabelecem constantemente as relações entre a escrita e as práticas sociais. É preciso, portanto, efetivar uma alfabetização letrada, em consonância com o eixo de leitura (de textos, das artes e do mundo), que perpasse pelas subjetividades e especificidades dos estudantes (suas vivências, experiências, histórias etc.) e lhes proporcione, em paralelo à capacidade de escrever, a possibilidade de se reafirmarem como sujeitos sociais.

Quando eu era pequeno, minha mãe se vestia com trajes indígenas, e, juntos, cantávamos dançando no quintal ao redor de um caldeirão, dentro do qual colocávamos nosso pequinês. O meu cachorro não entendia nada e ficava olhando, desesperado, provavelmente tentando decifrar o que estava acontecendo. Mas eu entendia tudo. Minha mãe era absolutamente imaginativa e estava desenvolvendo a minha imaginação.

Livros nos incentivam a viajar, a tentar uma nova carreira, a entender o próximo, a imaginar o mundo ideal. Ler é um processo de treinar a imaginação, e só esta tira você do lugar-comum e da zona de conforto.

Afinal, a literatura age de forma desordenada: cada leitor compreende o que leu de uma forma individual, que modifica o seu próprio "eu". Somos seres de narrativa, e é por intermédio das leituras que fazemos que compomos nossa pessoalidade e nossa projeção como seres sociais.

HISTÓRIAS NA PENUMBRA

Todo o desenvolvimento da cultura e do conhecimento se deu ouvindo e contando histórias. Sentados ao redor do fogo, transferíamos informação, trocávamos ideias e ouvíamos as histórias de vida, experiências e insights de outras pessoas.

A fogueira foi, portanto, um importante símbolo de transmissão de informação e evolução social desde os tempos imemoriais e exerceu um papel relevante na imaginação. Ao redor do fogo, ouviam-se histórias que insuflaram a imaginação dos seres humanos ao longo dos tempos.

Faço questão de reforçar que sou um entusiasta da tecnologia, da disrupção e da evolução pela qual todos estamos passando. A meu ver, o digital nos deu superpoderes, é quase como brincar de Deus. Hoje, graças à tecnologia disponível, ganhamos onisciência, onipotência e onipresença.

Independentemente de onde vivamos, pode ser no deserto de Atacama ou no interior do Piauí, todos, sem exceção, temos acesso à Biblioteca Nacional do Congresso de Washington, não importando, para isso, nossa classe social ou econômica. A democratização da informação e do conhecimento por meio da internet é algo para ser celebrado diuturnamente.

Nos últimos séculos, devemos ter matado milhares de Einsteins, Fernandos Pessoa, Mozarts, que, por falta de acesso ou oportunidade, sumiram na poeira da história. Agora é diferente. Quem tem talento tem condições de demonstrá-lo ao tornar pública sua arte, seu conhecimento e ser descoberto em suas competências. E isso, evidentemente, muda tudo.

Apesar do tom aparentemente pessimista que posso ter assumido até aqui, faço questão de frisar, sou um fã incondicional desse mundo que o digital abriu para todos nós. Justamente por isso, como estudioso do assunto, começo a ter preocupações com algumas das consequências desse progresso, as quais descrevo neste livro.

Se não prestarmos atenção, outros possíveis Einsteins e Mozarts poderão ser exterminados graças à negligência em encontrar o equilíbrio entre o conhecimento adquirido desde o surgimento dos primeiros homens, as habilidades derivadas do desenvolvimento cognitivo humano e a inovação que a humanidade proporciona a todos nós.

Uma pessoa sem imaginação
é prisioneira da razão.

Uma grande "fogueira virtual" é a oportunidade para fazermos isso, ou seja, resgatarmos as histórias contadas ao redor do fogo. Apesar da influência das mídias sociais na queda dos hábitos de leitura, as redes sociais têm resgatado uma prática que havia ficado obsoleta, a dos clubes de leitura, agora no formato online.

A tendência tem se consolidado tanto nas redes de vídeo, como YouTube, Twitch, TikTok, quanto no Instagram e Twitter. Os influenciadores da área, *booktubers* ou *bookgrammers*, acumulam milhões de seguidores, fazem indicações de leitura, leem livros ao vivo, comentam obras e fazem parcerias publicitárias com editoras e grandes varejistas para divulgar livros em seus perfis.

A grande maioria do público desses influenciadores é composta de jovens que consomem conteúdo de incentivo à leitura e são estimulados a ler obras literárias, fazendo um caminho inverso ao apontado por Zoara Failla. Neste caso, em vez de trocar os livros pelas redes sociais, os jovens estão partindo delas e indo em busca dos livros.

Essa é uma tendência na qual tanto a gestão pública como as empresas devem ficar de olho. De acordo com o *Experiential*

Marketing Content Report, 72% dos consumidores têm uma visão positiva de marcas que lhes forneçam conhecimento e informação. É um caminho a ser traçado pelos formadores de políticas públicas, por meio de parcerias público-privadas e iniciativas organizacionais, para sanar o *gap* da leitura, da curiosidade e da imaginação.

> *A inspiração é uma experiência exclusivamente humana, porque não é motivada pela mera sobrevivência. Ela transcende o mundo das necessidades e vive no mundo dos desejos.*

O escritor David Perell afirma que o aprendizado pode ocorrer por dois possíveis caminhos:

- Modo de sobrevivência.
- Inspiração.

A aprendizagem que ocorre no modo de sobrevivência, ainda que possa ser eficaz, normalmente, não é agradável e pode fazer até com que as pessoas se ressintam do processo de aprendizado, graças aos níveis de estresse associados a ele. Mesmo que o desenvolvimento da raça humana ao longo dos séculos se deva aos aprendizados relativos ao modo de sobrevivência, com o tempo, essa modalidade pode desmotivar e ressentir.

A inspiração é a chave da aprendizagem. É a força motriz para a motivação. O sistema escolar vigente normalmente a subestima, enquanto os alunos não aprendem proporcionalmente ao seu potencial. Se quisermos estimular o desejo de aprender, precisamos inspirar as pessoas. A escola, exemplifica Perell, é elaborada com base no modo de sobrevivência, pautada no medo relacionado às provas, à disciplina quase militar.

O aprendizado prazeroso está associado à inspiração. Esse caminho inverte o processo de aprendizagem: em vez de começar com o conteúdo predefinido e, só então, buscar estimular a curiosidade e interesse dos alunos, a inspiração faz o caminho inverso — eles começam tendo curiosidade e avançam em direção às informações, conteúdos e conhecimento relacionados. A motivação para aprender, nesse sentido, surge naturalmente.

Em paralelo a isso, muita gente atribui a imaginação à nossa capacidade de acreditar. Na verdade, ela cresce da capacidade de duvidar, e não de acreditar. A ciência evoluiu mediante a dúvida persistente, e não a certeza permanente. Duvidar é a única forma segura de caminhar sobre as águas.

Imaginar é ver o mundo e se ver em um mundo sob outras leis. Sendo assim, as inspirações do futuro não virão dos gurus, e, sim, dos guris, já que a imaginação deles é sempre muito maior que a realidade.

A soma do aprendizado mobilizado pela inspiração e da imaginação criadora se materializa nos polímatas. Do grego *polymathēs*, polímata é "aquele que aprendeu muito", isto é, estudou e se aprofundou em diferentes áreas do conhecimento.

> **MICHAEL ARAKI, PESQUISADOR DO CONHECIMENTO, CRIATIVIDADE E NEGÓCIOS NA UNIVERSIDADE DE LOUISVILLE, DEFINE QUATRO COMPORTAMENTOS FUNDAMENTAIS PARA O DESENVOLVIMENTO DA POLIMATIA:**
>
> 1. Desbridamento.
> 2. Abertura crítica.
> 3. Confiança falibilística.
> 4. Originalidade adaptativa.

O desbridamento é definido como o ato de remover as bridas, ou cabrestos, do pensamento individual, envolvendo tanto atos de introspecção como de extrospecção. Assim, cada um pode definir o próprio caminho mental, buscar referências, fontes de conhecimento e ter criticidade. Segundo Araki, é por intermédio da convivência, do confronto e da articulação de ideias distintas que podemos gerar uma autocrítica realmente substancial e transformacional.

A abertura crítica, segundo comportamento, se define como a receptividade a experiências diversificadas somada à capacidade de exercer pensamento crítico. Portanto, é um caminho para o desbridamento, bem como uma consequência dele. Ela envolve quatro fatores intrínsecos:

- Prontidão a cooperar.
- Abertura à mudança, ou adaptabilidade.
- Curiosidade intelectual.
- Imaginação.

O terceiro comportamento fundamental para a polimatia, a confiança falibilística, envolve a capacidade de integração de elementos que, a priori, não convergem. Aqui, é possível citar a noção de nexialismo, isto é, a capacidade de conectar o conhecimento das diferentes áreas na solução dos problemas do dia a dia. Portanto, o polímata também precisa ser um nexialista.

Por fim, o quarto comportamento polímata é a originalidade adaptativa. Araki define que esse comportamento representa uma combinação poderosa de três elementos: originalidade, criatividade, inventividade. Felizmente, eles não são monopólio dos gênios.

> ## A CRIATIVIDADE, OU IMAGINAÇÃO CRIADORA, PODE OCORRER EM QUATRO NÍVEIS:
>
> **(i)** Nível interno — coisas que são inéditas apenas para o indivíduo que a imaginou.
>
> **(ii)** Nível familiar — coisas que são novas no núcleo familiar ou entre amigos.
>
> **(iii)** Nível profissional — coisas que são novas na sua área de atuação, mas que não chegam a revolucionar o mercado no qual está inserido ou impactar significativamente um universo maior.
>
> **(iv)** Nível eminente — coisas que impactam de modo profundo e significativo um ou mais domínios do conhecimento.

O exemplo mais célebre de polímata talvez seja o de Leonardo Da Vinci, famoso por ser pintor, também era cientista, matemático, engenheiro, inventor, anatomista, pintor, escultor, arquiteto, botânico, poeta e músico, fez pesquisas na área de balística e nos deixou obras como *Mona Lisa* e *A Última Ceia*.

Um palmo é o comprimento de quatro dedos;

Um pé é o comprimento de quatro palmos;

Um côvado é o comprimento de seis palmos;

Um passo são quatro côvados;

A altura de um homem é quatro côvados.

O comprimento dos braços abertos de um homem
(envergadura dos braços) é igual à sua altura;

A distância entre a linha de cabelo na testa
e o fundo do queixo é um décimo da altura
de um homem;

A distância entre o topo da cabeça e
o fundo do queixo é um oitavo da altura
de um homem;

A distância entre o fundo do pescoço e
a linha de cabelo na testa é um sexto da altura
de um homem;

O comprimento máximo nos ombros
é um quarto da altura de um homem;

A distância entre o meio do peito e
o topo da cabeça é um quarto da altura
de um homem;

A distância entre o cotovelo e a ponta da mão
é um quarto da altura de um homem;

A distância entre o cotovelo e a axila é
um oitavo da altura de um homem;

O comprimento da mão é um décimo
da altura de um homem;

A distância entre o fundo do queixo e
o nariz é um terço do comprimento do rosto;

A distância entre a linha de cabelo na testa
e as sobrancelhas é um terço
do comprimento do rosto;

O comprimento da orelha é um terço do da face;

O comprimento do pé é um sexto da altura.

Com base no trecho acima, extraído da obra *De Architectura*, do arquiteto romano Marcus Vitruvius Pollio, Da Vinci desenhou *O Homem Vitruviano*, uma das representações mais icônicas do seu polimatismo, com objetivo de registrar a integração perfeita da beleza, simetria e proporcionalidade derivadas de todas as áreas do conhecimento.

Gutzon Borglum, escultor e pintor norte-americano, fez campanha política para Ted Roosevelt, realizou pesquisas na área da aviação durante a Primeira Guerra Mundial, criou plano de reinvenção da educação, lutou pelo direito feminino ao voto e ainda esculpiu as efígies no Monte Rushmore. Isso mostra como esse personagem era eclético, cheio de coragem para se reinventar e inovar constantemente.

Só uma vida criativa leva a realizações significativas. Embora nem todo mundo atinja o último nível de inventividade, como o fizeram Da Vinci e Borglum, a inspiração e a curiosidade nos permitem atingir os níveis anteriores.

Por isso tudo, abaixo os gurus, que nos ensinam a ser mais responsáveis, produtivos e eficazes, e salve os guris, que nos inspiram a imaginar que nada é impossível!

Nesse novo mundo de infinitas possibilidades, precisamos entender que voar não é somente para os pássaros, que *Fantástico* não é apenas um programa de TV. Que dá para criarmos grandes coisas no mundo usando um insumo inato, que é a nossa imaginação — somente se não permitirmos que ele evapore ao longo do tempo.

Nossa grande realização talvez não seja deixar como legado a *Mona Lisa*, mas podemos deixar a soma de muitas manifestações criativas combinadas. Afinal, o todo é muito maior do que a soma das partes. Esta é a chave que vai abrir o nosso futuro, e é para lá que nós devemos ir.

"AS SONATAS DE MOZART SÃO ÚNICAS; ELAS SÃO MUITO FÁCEIS PARA CRIANÇAS E MUITO DIFÍCEIS PARA ADULTOS."

— ARTUR SCHNABEL

Devemos fazer o que estiver disponível para manter a vivacidade do guri que habita em nós. Em resumo, essa é a única forma de fugirmos das fórmulas dos gurus e caminharmos em direção a um futuro inovador, criativo, o qual concebemos em nossa imaginação.

PARA ISSO, HÁ ALGUNS CAMINHOS:

- Repensar os modelos educacionais para que dialoguem com as demandas da sociedade, da economia e do planeta.
- Dedicar tempo a atividades offline, preferencialmente fora de casa, de forma que seja possível prestar atenção às pessoas e aos espaços ao nosso redor.

...

- Andar a pé pela cidade, utilizar os espaços urbanos e frequentar espaços culturais.

- Permitir-se sentir um pouco de tédio e, principalmente, divagar.

- Usar as mídias digitais e as tecnologias de informação e comunicação como instrumento de pesquisa, e não como repositório de conhecimento.

- Pensar políticas que viabilizem as cidades criativas, com inovação nos âmbitos cultural, educacional, urbanístico, arquitetônico e de mobilidade.

- Integrar saberes de diferentes áreas do conhecimento.

O QUE OS DIFERENCIA?

■ ■ ■■■ ■■■

1. Quanto à tonicidade
   Guris são *autênticos*
   Gurus são *dissimulados*
2. Quanto à habilidade
   Guris são *criativos*
   Gurus são *produtivos*
3. Quanto ao objetivo
   Guris visam *usufruir*
   Gurus visam *transmitir*
4. Quanto à característica
   A marca dos guris é a *essência*
   A dos gurus, a *aparência*
5. Quanto à tendência
   Guris são naturalmente *inclusivos*
   Gurus são tendencialmente
   exclusivos
6. Quanto aos valores
   Guris querem *pertencer*
   Gurus buscam se *sobressair*
7. Quanto ao poder
   O poder dos guris é *imaginar*
   O dos gurus é *raciocinar*
8. Quanto à visão de mundo
   Guris focam o *ser*
   Gurus focam o *ter* e o *fazer*

O GURI QUE HABITA EM NÓS

O cotidiano massacrante de cada um de nós, somado a uma educação formal que gera operários, e não magos, inibe o dom natural da imaginação criadora com o qual nascemos. A curiosidade, base do imaginar infantil, vai se reduzindo durante o processo educativo.

A imaginação fértil dos guris acaba sendo suprimida até ser eliminada e substituída pela obsessão produtiva das abelhas, exatamente como é vendido pelos gurus.

O mercado de autoajuda começou com professores e acadêmicos que vendiam a ideia de performance garantida. O que importava era descobrir a fórmula do sucesso através do estudo de casos de exemplos bem-sucedidos, ou, então, aceitar que dinheiro não é tudo na vida e partir para a satisfação através da resignação. Esse tipo "primitivo" era outra variante de guru, mais focado em compartilhar experiências ou até mesmo estudos em suas respectivas áreas.

Depois vieram os gurus de ocasião. Qualquer um com acesso digital podia prometer bonança, promessas fúteis, simplistas, gerando aparências bem-sucedidas, vendendo milagres instantâneos — como ficar rico, como se tornar milionário, 12 lições para ganhar dinheiro, como emagrecer 30kg em 10 dias, e assim por diante. A internet foi um grande catalisador para esse tipo de guru, encontrado em todo e qualquer nicho.

Somos treinados para gerir, gerar, produzir, e não para sonhar, imaginar e criar. Paradoxalmente, é um processo contraproducente, que vai de encontro às tendências do mercado, conforme indica o próprio Fórum Econômico Mundial. Ou seja, na busca pelo treinamento excessivo, acabamos sendo destreinados aos moldes das fórmulas dos gurus.

Com o avanço da tecnologia, nenhum país vai se desenvolver e progredir mais pensando apenas no aumento da produtividade. A ótica do sucesso a qualquer preço, inclusive, já é questionada pelos *millennials*. Está todo mundo entendendo que não compensa ficar se matando na empresa, que é preciso rever conceitos, questionar certezas, e, principalmente, sonhar mais e imaginar tudo. Nenhum CNPJ vale um AVC.

Se você deixar o seu computador com a bateria carregada, porém, sem uso, pouco a pouco, ele vai se descarregar. Com o tempo, essa bateria ficará, de fato, inutilizada, sem aceitar novas cargas, pois o pouco uso a deixa ainda mais fraca. E assim funciona a imaginação.

A gente nasce, desenvolve uma habilidade magnífica de maneira espontânea e depois deixa de estimulá-la e instrumentalizá-la para o nosso benefício. A imaginação é como sorvete: com o tempo, derrete.

Ela elimina barreiras, gerando experiências únicas e nos preparando para uma nova missão humana: voltar a ser criança, sem regras, sem limites, acreditando no impossível e criando uma sociedade mais inclusiva, justa e igualitária. Por isso, a missão é reconquistar os valores infantis e voltar a pensar e agir como guri.

Em tempos disruptivos, pensar e imaginar como guri de vez em quando devia ser a nossa tentativa primordial. Sempre que possível, tente se livrar das caixinhas que o prendem a um pensamento lógico padronizado, e você vai se surpreender com o resultado.

Vivemos a era dos algoritmos, do metaverso, da vasta disponibilidade de streamings, canais e conteúdos produzidos e replicados muitas vezes sem critério algum. Na sociedade que deriva dela, as pessoas têm perdido tanto a capacidade do imaginar criativo que precisam da imaginação dos outros para poder viver.

No seu filme de 2018, *Jogador Nº 1* (adaptação do livro homônimo), Steven Spielberg nos alerta quanto à hipótese de vivermos isolados em casa, interagindo somente por meio do metaverso em um cenário pós-apocalíptico. Neste caso, ficaríamos tão afantásticos que seríamos incapazes de cocriar um metaverso e, em paralelo a isso, de interagir com o mundo físico.

Em uma sociedade em crise, hoje, os jovens também buscam a irrealidade dos games. No fundo, embarcam na imaginação alheia para compensar a sua incapacidade de criar e sonhar. Incapazes de viver na realidade em que estão e sem condições cognitivas de criar qualquer outra, precisam embarcar na realidade dos outros. Precisam que alguém elabore um roteiro, construa uma narrativa, porque eles se tornam cada vez menos capazes de criá-la. O que importa é chegar ao fim, quando, na verdade, estão em um constante recomeço, dependentes da imaginação dos outros.

O fenômeno da adicção digital tem a ver com essa dependência cada vez maior da imaginação alheia para podermos habitá-la. É um processo crescente, insidioso e discreto de escravização pela falta do imaginar. Surge, assim, uma nova geração de zumbis que se alimentam da imaginação e criatividade dos outros.

Ainda é difícil de prever aonde isso vai nos levar. O Roblox, por exemplo, hoje está permitindo que crianças de 12 anos criem seus jogos e fiquem milionárias. Eles não somente jogam o game do outro, mas também criam os seus e os colocam na plataforma. Assim, novamente, a tecnologia proporciona para cada um de nós, seres humanos, uma bifurcação. Nessa encruzilhada, teremos que escolher o caminho a tomar.

Para o metaverso, existem estas duas possibilidades: ser uma terceirização da imaginação, em que as pessoas vivam em um universo criado pelo outro, ou um universo expandido, um ecossistema colaborativo onde os imaginativos poderão ajudar a criar ecossistemas complexos, empreender e gerir negócios, se divertir.

Essa ferramenta de tecnologia vai nos permitir desenvolver a imaginação e expressá-la livremente. Neste mundo que já habitamos, os criativos seguirão libertos de quaisquer restrições que tendem a se lhes impor. Pessoas sem imaginação estão presas a este planeta aqui, enquanto aqueles que a têm podem viver em qualquer lugar.

A perda do imaginar da sociedade também gera uma distopia, enquanto a imaginação criadora é capaz de concretizar utopias e transformá-las em cidades modernas, proteger o meio ambiente e promover uma gestão mais horizontal.

Em vez de corrermos o risco de dependermos da terceirização da imaginação, como em *Jogador Nº 1*, podemos e devemos estimular nossa mente para fazer coisas fantásticas, como no filme *A Vida É Bela*, a fim de criar beleza e sobrevivermos ao caos.

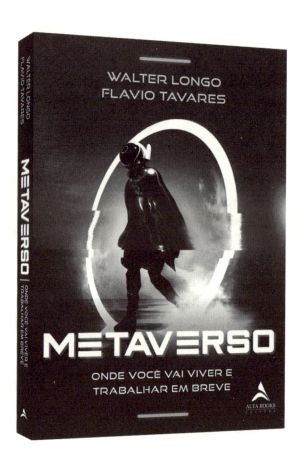

METAVERSO

O METAVERSO É O ESPAÇO ALÉM, UMA EXPERIÊNCIA AVANÇADA

O Metaverso gera expectativas de revoluções profundas tanto no âmbito da tecnologia quanto nos padrões de vivência e relacionamentos humanos. E é preciso estar a par das mudanças. Este é o momento de aprender, de uma vez por todas, tudo o que envolve a nova realidade digital que pode mudar para sempre a forma como vivemos, estudamos, trabalhamos e nos relacionamos.

VÍTIMAS DO CRITÉRIO

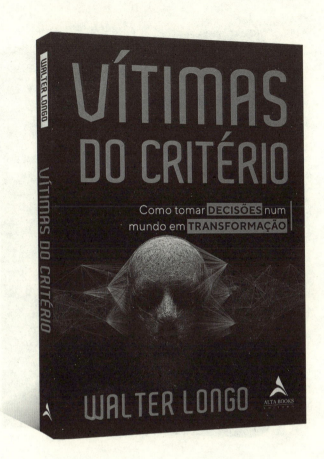

SE BASEOU EM CRITÉRIOS TOTALMENTE INADEQUADOS PARA TOMAR DECISÕES?

É imprescindível entender a importância dos critérios que utilizamos e como podemos usá-los para não nos tornarmos, simplesmente, vítimas de nossos critérios e, em consequência, termos resultados desastrosos.

TRILEMA DIGITAL

EXTELIGÊNCIA, TRIBALISMO E COMPARTILHAMENTO

A tecnologia existe para simplificar nossa vida, agilizar nosso cotidiano, mas se queremos extrair todo seu potencial, precisamos fazer uma análise integral de seu uso.

ESTAMOS NO ALVORECER DA
IDADE MÍDIA

A cada dia, nossa interação social com os aspectos do mundo ao nosso redor se transforma irrestritamente. Não há limites para as mudanças em curso: estamos nos reinventando. Essas transformações não resultam do acaso. Vivemos um período de transição no qual consolidamos uma Nova Era. Você está pronto para a Idade Mídia?

INSIGHTS PARA UM MERCADO EM TRANSIÇÃO

O MUNDO REALMENTE NÃO É MAIS O MESMO, E ISSO É MUITO BOM!

Estar a par de todos os acontecimentos relevantes que nos cercam é uma necessidade real. Mas, além disso, esse conhecimento adquirido não pode ficar apenas no plano superficial; precisamos saber mais, de maneira mais profunda e focada. A cada dia mais se faz necessário mergulhar em reflexões sobre questões atuais para encontrar caminhos. O sucesso pessoal, profissional e nos negócios depende, muitas vezes, de um bom guia.

MARKETING E COMUNICAÇÃO NA ERA PÓS-DIGITAL

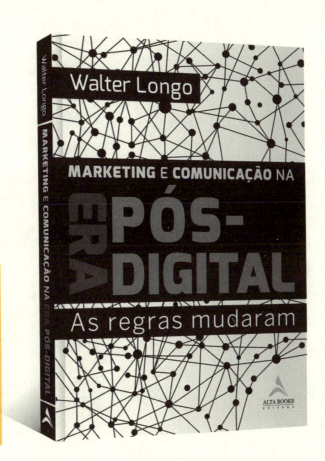

O MUNDO DIGITAL JÁ ERA.
BEM-VINDO À ERA PÓS-DIGITAL.

A era pós-digital veio para questionar as velhas certezas e deixar sistemas inteiros de pensamento corporativo do avesso. Mais do que aprender coisas novas, precisamos esquecer tudo o que sabemos.

Este livro foi impresso nas oficinas gráficas da Editora Vozes Ltda.,
Rua Frei Luís, 100 – Petrópolis, RJ.